DE LA

PRÉDICTION DU TEMPS,

PAR

M. MATHIEU (DE LA DRÔME).

On peut prédire le temps comme on prédit le lever et le coucher des astres.

DEUXIÈME ÉDITION.

PARIS,
MALLET-BACHELIER, IMPRIMEUR-LIBRAIRE
DU BUREAU DES LONGITUDES, DE L'OBSERVATOIRE IMPÉRIAL DE PARIS,
Quai des Augustins, 55.
—
1862

DE LA

PRÉDICTION DU TEMPS,

PAR

M. MATHIEU (DE LA DRÔME).

On peut prédire le temps comme on prédit le lever et le coucher des astres.

DEUXIÈME ÉDITION.

PARIS,

MALLET-BACHELIER, IMPRIMEUR-LIBRAIRE
DU BUREAU DES LONGITUDES, DE L'OBSERVATOIRE IMPÉRIAL DE PARIS,
Quai des Augustins, 55.
—
1862

PARIS. — IMPRIMERIE DE MALLET-BACHELIER,
rue de Seine-Saint-Germain, 10, près l'Institut.

DE LA
PRÉDICTION DU TEMPS.

A SON EXCELLENCE

M. LE MINISTRE DE L'INSTRUCTION PUBLIQUE.

Monsieur le Ministre,

Je viens vous soumettre une découverte inespérée; je la soumets en même temps aux hommes de science, aux publicistes, à tous ceux qui ont mission de vérifier et de propager les conquêtes de l'esprit de recherche.

Il s'agit de la prédiction des phénomènes atmosphériques, particulièrement des météores aqueux.

Peut-on prédire ces météores?

Non, répondent des astronomes et des météorologues éminents.

Ils se trompent: c'est ce que je me propose de démontrer; mais, hâtons-nous de le reconnaître, l'éclat de leurs noms ne saurait être obscurci par une erreur que semblent avoir partagée leurs devanciers de tous les temps. Le génie le plus élevé, lors même qu'il est allié au savoir le plus étendu, ne va pas jusqu'à l'infaillibilité.

Vous admettrez avec moi, Monsieur le Ministre, que, du jour où l'on put prédire une éclipse, il devint certain que l'on parviendrait à prédire toutes les éclipses, car la loi d'où découle ce genre de phénomènes ne pouvait être vraie pour un, sans être vraie pour tous; il ne s'agissait que de pousser plus loin les recherches. Il n'y a pas de raison pour qu'il en soit autrement des météores aqueux. Or j'ose vous affirmer, dans la plénitude de mon bon sens, en homme peu désireux de vouer son nom au ridicule, que je suis en mesure de prédire un certain nombre de météores avec une précision et une certitude mathématiques.

En présence d'une semblable affirmation, vous jugerez sans doute convenable de faire examiner le Mémoire que je prends la liberté de vous adresser : c'est tout ce que je demande. Veuillez, Monsieur le Ministre, me donner des juges, et d'avance je m'incline devant la sentence qu'ils rendront. Je sais combien certains préjugés sont tenaces, opiniâtres, en haut comme en bas, à tous les degrés de l'intelligence humaine; je ne me fais, à cet égard, aucune illusion; mais, quand on a pour soi l'évidence, on peut les affronter sans trop d'inquiétude; la lumière est la lumière : quiconque a des yeux est obligé de la confesser.

Permettez-moi, Monsieur le Ministre, un court historique de mes travaux. J'ai besoin de dire ce que je me proposais de faire, ce que j'ai fait et pourquoi je ne fais pas tout ce que je m'étais proposé.

Ce fut le coup d'État du 2 décembre qui me jeta dans la météorologie. Trompé dans mes espérances les plus chères, je demandai des distractions à la science; je détachai mes regards de la terre pour les élever vers les astres; après avoir essuyé les orages politiques, j'eus l'idée d'étudier les orages atmosphériques. Pardonnez à ma franchise l'expression de regrets que vous ne pouvez partager, mais que vous devez comprendre.

En 1855, je résidais à Chambéry, ville éminemment française par le cœur de ses habitants, avant comme après l'annexion. J'y fus mis en rapport et me liai bientôt d'amitié avec un ancien élève de l'École Polytechnique, qui depuis dix ans s'occupait d'observations météorologiques, dans la riche et belle vallée de Grésivaudan. Un jour je lui fis part de la pensée qui m'était venue d'examiner de près le grand problème de la prévision du temps. Il fit, on le comprend, de consciencieux efforts pour me détourner d'un projet qu'il trouvait étrange, peut-être insensé, ce qui ne l'empêcha pas de mettre obligeamment son journal météorologique à ma disposition. Avant de l'ouvrir, j'étais persuadé que tous les météores qui peuvent affecter l'enveloppe aérienne de notre planète obéissaient à des lois fixes, immuables, comme celles qui règlent la marche des astres. Nous avons la fort mauvaise habitude de mettre sur le compte du hasard certains effets dont les causes nous échappent ou dépassent les limites trop étroites de notre intelligence. J'ai toujours pensé que le hasard n'était qu'une ridicule excuse, inventée par l'orgueil de l'esprit humain, qui veut tout savoir et sait si peu de chose. Tout ce qui arrive dans l'ordre physique, doit nécessairement, fatalement arriver. Tout phénomène, grand ou petit, utile ou funeste, provient d'une loi aussi ancienne que le monde et qui, dans des conditions identiques, ne peut que donner des effets parfaitement identiques.

S'il en était autrement, Monsieur le Ministre, où seraient les garanties de la perpétuité des espèces? Le règne végétal et le règne animal existeraient-ils encore, six mille ans après la création? Que faudrait-il pour faire disparaître toute trace de végétation et nous couper ainsi les vivres, ce qui serait fort désobligeant? Moins d'une année de sécheresse absolue; une année de pluies continues, comme celles du mois de mai 1856, aurait, en sens inverse, des résultats non moins désastreux. Or, je vous le demande, Monsieur le Ministre, si les météores aqueux étaient purement fortuits, le double hasard que j'indique ne se serait-il pas produit vingt fois depuis l'origine des siècles?

Ma raison me dit qu'il y a une loi; l'observation prouve son existence, même aux observateurs qui la nient. Deux années comparées entre elles peuvent donner des quantités d'eau très-inégales, mais si l'on étend la comparaison à des périodes de quinze ou vingt ans, les inégalités s'effacent en grande partie; d'où il est permis de conclure que des observations séculaires feront ressortir, pour chaque siècle, des totaux à peu près égaux. Et le hasard donnerait de semblables équations! Quel grand mathématicien!

Évidemment il y a une cause, mais quelle est-elle? Vous n'ignorez pas, Monsieur le Ministre, que, dans tous les temps et tous les pays, paysans et marins, gens observateurs par instinct et par nécessité, ont prétendu que la Lune exerçait une influence prépondérante sur l'état du temps. Les savants ont toujours professé l'opinion opposée. Je me rangeais (modestement) du côté des savants, riant de la Lune et accusant le vulgaire de préjugés et d'ignorance. Un examen attentif des observations recueillies par mon savant ami de la vallée de Grésivaudan me prouva bientôt que j'étais dans l'erreur et que, cette fois encore, l'Académie avait moins d'esprit que tout le monde. Inutile de dire que le Soleil aussi a une grande part dans la météorologie de notre planète et, sans nul doute, dans la météorologie de toutes les autres planètes, découvertes ou à découvrir, qu'il éclaire et réchauffe de ses rayons. Mais il ressort de mes travaux que c'est la Lune qui détermine les précipitations aqueuses et en fait la distribution, tantôt en bonne mère, tantôt en marâtre, aux diverses régions de la terre.

Je vais, Monsieur le Ministre, au-devant d'une objection. On ne manquera pas de me dire que l'influence supposée de notre satellite a été étudiée dans tous les observatoires sans exception, depuis qu'il existe des observatoires, et que les discussions de chiffres auxquelles se sont livrés une foule d'astronomes n'ont amené que des résultats négatifs. Je me borne à répondre ici que tous les astronomes ont oublié une donnée, essentielle à ce point, qu'en la négligeant, ils auraient dû être convaincus, à priori, de la parfaite inutilité de leurs recherches. Leur insuccès a tenu à une simple omission, que je signale dès la première page de mon travail. La solidité d'une voûte dépend d'une seule pierre, sans laquelle il n'y a pas de voûte possible. C'est cette pierre que j'apporte.

J'avais prévu que les dix années d'observations dont je disposais seraient insuffisantes pour l'érection de mon édifice. Je me procurai, en 1856, une copie du Journal météorologique de l'Observatoire de Genève, commencé le 1er janvier 1796, par M. de Saussure, et continué sans interruption jusqu'à ce jour. J'eus ainsi devant moi une très-respectable période de soixante années. Mes jours et mes nuits furent consacrés à des comparaisons et à des rapprochements de toute sorte; dans l'espace de quelques mois, dix mains de papier, bourrées de notes et de chiffres, s'accumulèrent sur ma table de travail. J'avais trop présumé de mes forces; trois ophthalmies successives vinrent interrompre mes études; la troisième me fit perdre l'œil gauche, déjà fort endommagé par les deux précédentes. Je glisse sur cette petite misère. Il n'y a pas de conquête sans lutte, il reste toujours des morts sur le champ de bataille ; les survivants chantent un *Te Deum* et les morts sont oubliés. Oublions donc mon œil gauche.

Je place ici, Monsieur le Ministre, un détail essentiel. Un de mes amis de Chambéry vint un jour me communiquer un article de la *Gazette de France,* annonçant la solution du problème de la prédiction du temps par un géomètre dont le nom m'échappe. Je craignis d'être devancé, je réclamai et, durant quelques mois, j'appuyai ma réclamation de prédictions adressées à divers journaux : on prouve le mouvement en marchant ; de même on prouve qu'on est prophète en prophétisant. Je m'étais trop hâté, je l'avoue sans détour : je me trompai peut-être une fois sur dix ; je charge la conscience de la *Gazette de France* de deux ou trois erreurs qui m'échappèrent et firent rire à mes dépens.

Aujourd'hui, Monsieur le Ministre, je demande à être jugé, non sur ce que j'ai pu dire à une autre époque, dans la circonstance que je viens de rappeler, mais sur ce que je dis présentement, après six ans de réflexion. Quel est l'inventeur qui ne s'est pas trompé, qui n'a pas cru toucher au but avant d'avoir fait la moitié du chemin ? Quel est l'inventeur qui n'a pas eu d'illusion ? Hélas ! Monsieur le Ministre, l'illusion remplit neuf parts sur dix de la vie de l'homme, et la dixième est rarement la meilleure.

En 1857, des affaires privées me rappelèrent en France ; je quittai les montagnes de la Savoie pour un modeste coin de coteau que je possède dans le département de la Drôme. J'y repris mes recherches.

Au mois d'octobre 1858, nouvelle ophthalmie, prompte comme la foudre ; perte totale de la vue. Ma famille m'amena à Paris pour me faire traiter. Après une demi-guérison, qui ne pouvait être poussée plus loin, je voulais retourner à mon coteau où étaient restés mes cahiers ; opposition formelle de ma famille, qui alla jusqu'à me menacer de livrer mes manuscrits aux flammes, le jour où nous rentrerions sous notre toit. A tout prix je devais conjurer ce crime de lèse-humanité. Je me résignai, avec l'intention de profiter de mon séjour forcé à

Paris pour me livrer à des expériences dont mes études météorologiques m'avaient suggéré l'idée. Non content de prédire la pluie, je voulais essayer de la faire, dans le but de l'appliquer à la balnéation.

En réalité, qu'est-ce que la pluie ? Une sorte de bain que le ciel sert aux animaux et aux végétaux, quelquefois avec parcimonie, quelquefois avec trop de prodigalité.

Qui n'a été témoin des ébats joyeux de la gent volatile, privée ou sauvage, recevant, ailes déployées, une tiède bruine d'été ? Les quadrupèdes témoignent une égale satisfaction. Il n'est pas jusqu'au ver de terre qui ne sorte de son trou, pour profiter de la douche que nous versent les nuages. Or, chose étrange, aucun animal ne veut rester immobile dans l'eau ; la plupart nagent volontiers, mais tous déchireraient la main qui chercherait à les retenir dans une baignoire : aussi l'art vétérinaire est-il privé d'un mode de traitement que la médecine applique chaque jour à l'homme. Enfant des champs, j'avais été, dès mon bas âge, frappé de cette répulsion des animaux pour le bain d'eau stagnante; l'instinct de l'animal est un guide souvent plus sûr que la science de l'homme ; aller à son encontre, c'est tourner le dos à la lumière. Pensez-vous, Monsieur le Ministre, qu'il soit bien rationnel d'ensevelir un malade, par exemple, dans une masse liquide d'un poids de deux à trois cents kilos ? Soulagerait-on ce malade en le chargeant de vêtements d'un poids comparable ? Eau ou vêtements, la surcharge n'est-elle pas la même ? n'a-t-elle pas les mêmes inconvénients, les mêmes dangers ?

Ces réflexions et beaucoup d'autres que je ne puis exposer ici, m'avaient amené à me demander pourquoi on n'appliquerait pas à l'homme le système de la nature, le bain du bon Dieu, en reproduisant artificiellement le phénomène de la pluie. Le mode balnéaire qui fait naître, croître et prospérer tout ce qui végète et respire, n'est-il pas préférable à cette espèce de cercueil dans lequel, faute de mieux, notre pauvre espèce a pris l'habitude de se plonger ?

Remarquez, Monsieur le Ministre, qu'une forte pluie verse à peine, en une heure, trois à quatre litres d'eau sur une surface égale à la section horizontale d'un homme commodément assis, tandis que la baignoire exige deux à trois hectolitres de liquide. Décidément la nature est plus ingénieuse et plus savante que nous et, quand nous pouvons l'imiter, nous avons grandement tort de nous écarter des procédés qu'elle offre à notre admiration.

Le bain de pluie (bain à l'*hydrofère*), réduit à trois ou quatre litres d'eau, permet d'administrer, au sein des villes, des bains d'eau de mer et d'eaux minérales naturelles ; le malade trouve à sa porte le remède qu'il était obligé d'aller chercher au fond des Alpes ou des Pyrénées ; il le trouve en toute saison.

Des expériences entreprises à l'hôpital de Saint-Louis, à Paris, justifièrent les espérances que m'avait fait concevoir ce système balnéaire ; des malades réputés incurables furent guéris ou notablement soulagés ; la supériorité du nouveau traitement sur l'ancien fut prouvée expérimentalement, d'abord à Saint-Louis et ensuite dans deux établissements de bains à l'hydrofère créés à Paris. La vulgarisation de l'innovation féconde que je livrais au corps médical me prit près de trois ans. Mes travaux météorologiques chômèrent tout ce temps.

Enfin, au mois de mai 1861, je pus quitter Paris et retourner à mes chers cahiers. Des feuilles essentielles oubliées çà et là, au moment où je fus frappé de cécité, ne purent être retrouvées. J'en éprouvai un vif regret. Après tant d'épreuves, j'avais senti la nécessité de circonscrire mon travail et de rogner les ailes à mon projet.

Que m'étais-je donc proposé de faire ?...

Une grande chose, Monsieur le Ministre, grande seulement par les résultats, car elle n'eût exigé d'autre génie que de la patience, et j'en ai, et une bonne vue que malheureusement je n'ai pas. Je voulais d'abord rechercher la raison théorique de toutes les pluies qui ont arrosé la région de Genève depuis soixante ans ; puis, comme les météores varient suivant l'altitude et la latitude, je me serais procuré les journaux météorologiques de plusieurs autres observatoires, placés à des latitudes et à des altitudes différentes et, par un simple travail de comparaison, je serais parvenu à jeter les bases de la météorologie du globe entier. Quel beau rêve ! Eh bien, ce rêve, on le comprendra après m'avoir lu, serait devenu une réalité, sans les graves affections oculaires provoquées par mes veilles.

En 1861, je ne pouvais songer à rien de semblable ; je tenais encore pourtant à épuiser le journal météorologique de Genève. Les feuilles égarées de mes manuscrits laissaient, dans mes études, des vides à combler ; j'avais besoin de consulter à nouveau des ouvrages scientifiques dont la collection ne se trouve que dans les grandes bibliothèques ; je me décidai à revenir à Paris, où j'arrivai tel quel, le 15 janvier dernier. Trois jours après, j'étais atteint de ma huitième ou neuvième ophthalmie.

Cette fois ma décision fut bientôt prise. A quoi bon continuer plus longtemps une lutte dans laquelle je serais infailliblement vaincu ? Après six ans de combats ne peut-on honorablement déposer les armes ? Je m'arrêtai au parti que voici : *Indiquer la loi des météores aqueux, la prouver par une masse d'exemples, lui donner le degré de certitude de la vérité mathématique la mieux démontrée, la rendre évidente, manifeste, palpable*, et m'en tenir là.

Je pris presque au hasard, dans mes manuscrits, un certain nombre de notes ; je les coordonnai à la hâte et j'en fis la base du Mémoire que je place sous vos yeux. Guidé par cette ébauche, chaque observatoire fera son propre travail, celui de Genève comme les autres ; des amateurs, encouragés par mon exemple, se mettront sans doute de la partie, et qui sait si les chercheurs officieux ne devanceront pas les chercheurs officiels ? J'ouvre un champ assez vaste pour que vingt rivaux y puissent à la fois cueillir des lauriers. Quelle est la grande découverte, vapeur, télégraphie électrique, photographie, qui n'a pas illustré vingt noms ?

Ordonnez, Monsieur le Ministre, l'impression et la publication des journaux météorologiques de tous les observatoires de France ; faites sortir de leurs cartons poudreux ces monceaux de chiffres qui y dorment depuis si longtemps, et ces chiffres, que l'on croyait muets, parleront, et la lumière jaillira des ténèbres, et la science nouvelle, dont je pose les premières assises, s'étendra, se développera parallèlement aux autres branches des connaissances humaines.

Mais veuillez d'abord faire examiner mon Mémoire. Il me faut un brevet de folie ou un brevet d'invention ; je redoute peu le premier et je tiens beaucoup au second, non pour moi qui ne compte plus, mais pour mon prochain, pour la génération actuelle et les générations futures.

C'est une grosse question que je pose devant mes contemporains. Au point de vue de l'utilité, elle peut défier toutes les comparaisons, même celle de la vapeur. Je le dis sans orgueil, croyez-le bien ; je serai heureux et non orgueilleux d'avoir fait une chose utile à mes semblables.

Vous parlerai-je des intérêts de l'agriculture ? Ici, Monsieur le Ministre, je suis dans mon élément, car je suis né paysan et veux mourir paysan, sauf le cas où il prendrait fantaisie à Votre Excellence de m'envoyer aux Petites-Maisons. Le premier travail agricole, c'est le labour. Quand faut-il labourer ? Est-ce aujourd'hui ? Cela dépend du temps qu'il fera demain, ou dans huit jours, ou dans quinze ? Quel temps fera-t-il ? Jusqu'ici Dieu seul l'a su et n'en a rien dit. Après les labours viennent les semailles. Quand faut-il semer ? Même incertitude. Que faut-il semer ? Le laboureur le saura à la récolte ; il saura en 1863 ce qu'il eût été convenable de faire en 1862. Et c'est ainsi que vont les choses depuis la création ! Le pain d'un milliard de bouches humaines tient à l'inconnu. Me tromperais-je en comparant le cultivateur à un aveugle qui serait chargé de diriger un vaisseau. Où sont les quatre points cardinaux ? Où sont les écueils ? Où est le rivage ? Où le port ? Point de réponse à ces questions. Tenez pour certain, Monsieur le Ministre, que la prévision du temps doublera un jour les produits du sol.

Vous parlerai-je des intérêts de l'industrie ? Que d'industries sont alimentées par l'agriculture et ont, conséquemment, des intérêts identiques ! Que d'autres sont directement soumises aux influences atmosphériques, depuis celle du potier jusqu'à celle des chemins de fer, construction et exploitation ! Tout ce qui se meut, agit, travaille ici-bas, a un milieu commun, l'atmosphère : milieu plus mobile que les flots de l'Océan. Qui donc pourrait être désintéressé dans la prévision des fluctuations incessantes de ce milieu ? Le temps est le chemin de la vie ; jusqu'ici nous avons marché devant nous, sans savoir où nous allions. Ce que doit gagner l'humanité à connaître son chemin est incalculable.

Parlerai-je de la médecine ? Il ne s'agit plus de l'hydrofère.

Il s'agit de l'application de la prévision du temps au traitement des infirmités humaines. Chacun de nous apporte, en naissant, un principe de mort à côté du principe de vie; une prédisposition plus ou moins marquée à certaines affections dont les accès coïncident à peu près toujours avec un état particulier de l'atmosphère. Le médecin est obligé d'attendre le mal pour le combattre; à l'avenir il pourra prendre les devants et lui barrer le chemin; un ennemi devancé est à moitié vaincu. Qui sait si la prévision des météores n'opérera pas, dans un temps donné, une révolution en thérapeutique?

Mais je ne puis, Monsieur le Ministre, oublier le côté philosophique, j'allais presque dire religieux, de mes travaux. Le hasard, banni des cieux par la découverte de la grande loi de l'attraction, avait encore un refuge dans les phénomènes atmosphériques; la prévision du temps le chasse de ce dernier asile. Dieu seul désormais régnera dans le domaine de l'infini. Il n'y a plus ni causes fortuites ou accidentelles, ni effets accidentels ou fortuits : la plus petite goutte d'eau qui tombe du ciel obéit à des lois immuables.

Je remets dans vos mains, Monsieur le Ministre, le fruit de mes veilles, je vous en confie le dépôt; j'ai acquitté, dans la mesure de mes forces, ma dette envers l'humanité. Si je n'ai pas fait tout ce que j'ai voulu, j'ai fait tout ce que j'ai pu; sous votre impulsion, d'autres compléteront l'œuvre que j'ai le regret de laisser inachevée. Ainsi sera élevé le monument de notre époque qui aura le moins à redouter l'oubli de l'histoire, car on peut affirmer que la prédiction météorologique vivra aussi longtemps que le monde. Nous en avons pour garant l'intérêt le plus considérable de toutes les générations à venir.

J'ai l'honneur d'être, Monsieur le Ministre,

Votre très-humble et très-obéissant serviteur,

MATHIEU (de la Drôme).

MÉTÉORES AQUEUX.

CAUSES PREMIÈRES.

Les météores aqueux sont le résultat de phénomènes solaires et de phénomènes lunaires, combinés.

Quels sont les phénomènes solaires qui influent sur les météores aqueux?

Le Soleil exerce divers genres d'influence sur ces météores, et d'abord il les prépare. C'est le Soleil, foyer de chaleur, qui volatilise les eaux des mers, des lacs, des terres humides, et les fait monter, sous forme de vapeurs ou de brouillards, vers les sommités de l'atmosphère.

Le Soleil, en chauffant successivement les diverses parties de l'atmosphère, à mesure que le mouvement de rotation de la Terre les expose à ses rayons, détermine les vents, précurseurs et véhicules de la pluie. Mais la Lune, ainsi que le prouvent mes recherches, exerce une influence prépondérante sur leur direction.

Le Soleil contribue aux marées atmosphériques, non moins certaines que les marées océaniques : ou l'attraction n'existe pas, ou elle s'étend à tous les corps sans exception. Or, on peut affirmer à priori que les marées atmosphériques doivent jouer un grand rôle dans la météorologie du globe.

Mais le Soleil influe tout particulièrement sur les météores aqueux par quatre grands phénomènes quotidiens qui sont : le lever de l'astre, son passage au méridien supérieur (midi), son coucher et son passage au méridien inférieur (minuit). Je donne le nom de *cardinaux* à ces quatre phénomènes, dont la corrélation avec certains phénomènes lunaires fait, ou la pluie, ou le beau temps.

J'indique enfin comme dernière cause influente la déclinaison du Soleil. Il est bien évident que les effets météorologiques ne peuvent pas être les mêmes en juillet ou en août qu'en janvier ou février, et réciproquement. Souvent il suffit d'une différence de quelques jours pour modifier les résultats.

Le Soleil engendre la pluie et la Lune l'enfante.

On peut dire qu'on a tourné et retourné la Lune dans tous les sens, dans le but de savoir si, oui ou non, elle influait sur le temps.

Des météorologues avaient pensé que chaque cycle, ou nombre d'or, devait donner des résultats pluviométriques semblables à ceux des autres cycles. Il est très-vrai que deux cycles, comparés l'un à l'autre, offrent des totaux peu différents; mais il n'y a le plus souvent aucune analogie dans la répartition de la quantité d'eau entre les années correspondantes de plusieurs cycles. On rencontre des différences qui s'élèvent jusqu'à 50 et même 60 pour 100.

Les inégalités entre les mois correspondants sont plus grandes encore. Le mois de septembre 1840 donna, à Genève, 241 millimètres d'eau, d'où suivirent les désastreuses inondations de cette époque; en 1821, année correspondante du cycle précédent, il n'était tombé à Genève, dans le mois de septembre, que 49 millimètres d'eau; en 1802, autre année correspondante, il n'en était tombé que 13 (je néglige les fractions). Ainsi, avec des totaux presque égaux pour chaque cycle, point d'analogie dans la distribution.

D'autres météorologues ont comparé entre elles les révolutions anomalistiques, discuté les apsides, apogée et périgée; ils n'ont pas été plus heureux que les partisans du nombre d'or.

Là n'est pas la solution du problème.

Le peuple ne connaît ni les apsides, ni le nombre d'or, et pourtant il croit à l'influence lunaire; il la rattache uniquement aux phases, seuls phénomènes qui frappent ses regards et servent de base à ses observations.

Je sais que l'influence supposée des phases a été discutée dans tous les observatoires et que des monceaux de chiffres, remués à divers intervalles, n'ont laissé voir que le chaos. Mais il faut le dire tout de suite : si l'on a beaucoup cherché, on a mal cherché. On a commis un grave oubli, celui du moment précis de la journée où s'accomplit le changement de phase, c'est-à-dire du rapport existant entre ce changement et l'un des quatre phénomènes *cardinaux* du Soleil.

Les pluies ne sont pas simultanées pour tout le globe; le jour où il pleut à Paris, il peut faire beau aux antipodes, et même beaucoup plus près de nous. Et pourtant, lorsque la Lune devient nouvelle ou pleine à Paris, le même phénomène a lieu pour les antipodes. Donc, en supposant une influence aux phases, on devait comprendre la nécessité de faire intervenir une autre donnée, celle des heures et même des minutes. La Lune, qui change à midi précis, au méridien supérieur de Paris, change à minuit au méridien inférieur, et réciproquement. Ne devait-on pas admettre, au moins à titre d'hypothèse à vérifier, que la position de l'astre, par rapport à une région donnée, au moment où s'accomplissait le phénomène, pouvait influer sur l'état météorologique de cette région? Ne devait-on pas admettre, toujours à titre d'hypothèse à vérifier, que la position du Soleil, par rapport à la même région, pouvait aussi exercer une action?

En négligeant ces deux hypothèses, il était évident que l'on s'engageait dans une impasse. A quoi bon discuter, soit les phases, soit les apsides, soit tout autre phénomène, puisqu'on savait : 1° que les météores aqueux n'embrassent jamais que des espaces restreints, bien que les phénomènes astronomiques soient généraux; 2° que chaque genre de phénomènes coïncide tantôt avec la pluie, tantôt avec le beau temps. Les observateurs se donnaient une peine évidemment inutile.

Ce sont les phases qui font le temps, suivant l'heure, ou, pour être plus exact, suivant la minute à laquelle elles arrivent. Hâtons-nous d'ajouter qu'il ne suffit pas de consulter le moment précis où doit s'effectuer une *seule* phase pour prédire le temps. Si le problème avait cette simplicité élémentaire, il n'eût pas attendu jusqu'à ce jour une solution. L'état du temps est le résultat des rapports *horaires* existant entre un certain nombre de phases. La pluie n'est pas un phénomène instantané, du moins quant aux causes visibles qui l'engendrent : il faut d'abord, pour notre région, que les vents du sud ou de l'ouest amènent les nuages qui doivent la produire; et nous savons que ces vents règnent quelquefois des semaines et même des mois entiers avant de donner de l'eau. Donc, en admettant l'influence de l'heure sur les phases, la pluie ne peut être que le résultat de cette influence, étendue à un certain nombre de phases. Toute la loi des météores aqueux est là. Il y a d'abord les phases qui préparent le météore, en imprimant aux vents la direction voulue; puis la phase qui fait aboutir ce météore, en déterminant la pluie. Tout ce que j'avance sera prouvé par $a + b$.

L'influence horaire s'explique d'une manière fort simple, en acceptant l'hypothèse des marées atmosphériques. Ne peut-on admettre qu'une première phase, et conséquemment une marée, suivant l'heure à laquelle elle arrive, imprime à l'atmosphère, par rapport à une région donnée, une ondulation ayant telle ou telle direction, allant, par exemple, du nord au midi ou du midi au nord? Est-ce là une supposition bien invraisemblable? La marée résultant d'une phase arrivée à midi (longitude de Paris) aura, je suppose, imprimé à une partie de l'atmosphère une oscillation qui devra, pour la région de Paris, amener le vent pluvieux du sud; plusieurs autres phases successives, en *concordance* horaire avec la première, viendront continuer la même impulsion; cet état de choses ne devra-t-il pas aboutir à la pluie?

Mais, objectera-t-on, comment se fait-il que le vent du sud ou de l'ouest amène la pluie, tantôt au bout de quelques jours, tantôt au bout de quelques semaines, et que souvent même il fasse place au vent du nord, sans donner une goutte d'eau? La réponse est facile : la direction des nuages nous indique celle des vents qui règnent près de terre, mais rien ne nous indique la direction des vents des régions supérieures. Si les vents secs de l'est soufflent en haut, pendant que ceux du sud soufflent en bas, les vents supérieurs n'absorberont-ils pas l'eau des nuages inférieurs? A mon tour, je demande ce que devient l'eau des nuages quand elle ne tombe pas à terre; si elle ne descend pas, il faut bien qu'elle monte, car apparemment elle ne se perd pas. Les vents secs dessèchent les vents humides qu'ils confinent; ainsi s'établit l'équilibre hygrométrique entre les uns et les autres.

La conséquence de ces hypothèses est que la prévision de la pluie implique la prévision des vents. Je vais plus loin, car je prétends qu'elle implique la prévision de toutes les variations de température qui ne tiennent pas à la déclinaison du Soleil.

La vaporisation des eaux des mers et des terres humides, source première des météores aqueux, enlève à l'air ambiant une partie de son calorique : abaissement de température.

La condensation des vapeurs accumulées au-dessus de nos têtes restitue à l'atmosphère le calorique qui lui a été emprunté par le phénomène précédent : élévation de température.

Aussi toutes les grandes pluies sont-elles précédées de chaleurs *anormales*. Le 30 mai 1856, il tombait à Genève 80 millimètres d'eau, des précipitations non moins abondantes étaient observées le même jour dans les diverses stations météorologiques de France et de Belgique; de là des inondations dont personne n'a perdu le souvenir. Le météore dévastateur (arrivé à la fin d'un mois presque entièrement pluvieux) avait été précédé de deux jours d'une chaleur excessive qui, au dire de tous les cultivateurs, détruisit subitement les espérances que donnaient les récoltes en terre. (On se rappelle que 1856 fut une année de disette.) Tout météore aqueux d'une certaine gravité est annoncé par une élévation anormale de température, provenant, comme je viens de le dire, de la condensation des vapeurs répandues dans l'espace.

La marée atmosphérique nous fournit encore une autre raison des variations brusques de température. Vers la fin d'avril 1856, le thermomètre descendit de 12° environ en vingt-quatre heures. Un célèbre académicien expliquait ce refroidissement par la fonte d'une immense quantité de glaces vers le pôle. Cette explication en rappelle une autre : un savant illustre, pour la mémoire duquel je professe d'ailleurs une véritable vénération, attribuait les variations brusques de température aux déplacements de légions d'insectes qui couvrent de vastes étendues de l'Océan. L'esprit de l'homme est vraiment trop ingénieux à compliquer les problèmes les plus simples et à créer des difficultés là où il n'y en a pas.

En admettant les marées atmosphériques, non moins certaines que celles de l'Océan, tout s'éclaircit : le phénomène qui fait monter l'atmosphère sur un point doit nécessairement la faire baisser sur un autre; l'onde convexe implique l'onde concave; or, n'est-il pas évident que, sur le point d'affaissement, les couches glaciales des hautes régions, en se rapprochant plus ou moins de la Terre, doivent y produire un refroidissement? Les fortes marées ont pour premier effet d'imprimer une grande agitation à la masse atmosphérique; nous pouvons en juger par le spectacle que nous offre l'Océan : or ne savons-nous pas que l'air en mouvement est un excellent conducteur du calorique?

Cette explication, qu'il suffit d'indiquer, vaut mieux, ce me semble, que celle des glaces du pôle et celle des insectes. La fonte des glaces ou le déplacement des insectes ne saurait faire varier le thermomètre de 12° d'un jour à l'autre. Et quant aux glaces, s'est-on donné la peine de calculer la quantité qui devrait être fondue pour opérer un tel refroidissement dans un si court espace de temps? Un phénomène subit suppose une cause subite; cette cause subite on la chercherait vainement en dehors des marées. Elles seules peuvent, en vingt-quatre heures (durée très-approximative de l'aller et retour d'une marée) faire descendre le thermomètre de 12°.

Donc la prédiction des pluies implique la prédiction des vents et des variations anormales de température. Mais je laisserai de côté les phénomènes anémométriques, ainsi que les phénomènes thermométriques, pour m'occuper uniquement des météores aqueux.

J'ai exprimé mon opinion sur les marées atmosphériques; je la crois rationnelle, vraie : fût-elle fausse, il n'en resterait pas moins certain que ce sont les rapports horaires des phases qui font le temps.

Mais si l'heure influe sur plusieurs phases, envisagées collectivement, elle doit nécessairement influer sur chaque phase prise isolément. C'est, en effet, ce qui a lieu et ce que je vais d'abord démontrer, après m'être mis en règle avec le lecteur par quelques explications préalables.

1° J'écris en courant, car je ne sais si je pourrai écrire demain. On voudra bien être indulgent pour la forme de ce travail et pour mes calculs, qui probablement ne seront pas exempts de toute erreur. Le plus souvent, dans mes totaux, j'ai négligé les fractions de millimètre. Il importe peu qu'une phase lunaire ait donné, à Genève, 40^{mm} d'eau ou $40^{mm}\frac{1}{4}$. J'écris pour les hommes sérieux, et non pour les épilogueurs.

2° Mon travail repose sur le Journal météorologique de Genève. Mais s'il existe une loi pour Genève, elle existe apparemment pour le globe entier, sauf les modifications que doivent y apporter l'altitude, la latitude et quelques autres conditions locales. Un simple travail de comparaison fera connaître la valeur des influences topographiques pour chaque région possédant un journal météorologique.

3° J'applique à Genève les heures et les minutes de Paris; mes chiffres réclament, sous ce rapport, une correction que chacun pourra faire.

4° Les combinaisons horaires pluvieuses que j'indiquerai ne devront pas être étendues au delà des époques d'année auxquelles s'appliqueront les exemples. Si l'on me discute, je prie instamment mes contradicteurs de ne me faire dire que ce que j'aurai dit.

5° Je ne donne pas toute la loi météorologique de la région de Genève; je me borne à démontrer son existence par une masse de preuves. En indiquant une combinaison horaire qui doit rendre pluvieuse une phase arrivant à une heure dite, je n'entends nullement dire que d'autres combinaisons horaires ne peuvent pas amener le même résultat. En fournissant une preuve je n'en exclus aucune autre. Tout ce que je prétends démontrer, c'est que les mêmes rapports horaires, entre un certain nombre de phases, ramènent toujours les mêmes météores aux mêmes époques d'année.

6° Le lecteur qui voudra contrôler mon travail devra consulter le recueil mensuel intitulé *Bibliothèque universelle de Genève*. Chaque livraison donne, jour par jour, les observations météorologiques du mois précédent. Pour les phases lunaires on consultera, soit la *Connaissance des Temps*, soit l'*Annuaire du Bureau des Longitudes*.

SIGNES ET ABRÉVIATIONS.

N. L. Nouvelle Lune.   P. L. Pleine Lune.
P. Q. Premier Quartier.   D. Q. Dernier Quartier.

0^m minuit. 0^s midi.
m heure du matin.   s heure du soir.

' minute.

Exemples.

$5^m, 15'$ 5 heures du matin, 15 minutes.
$7^s, 47'$ 7 heures du soir, 47 minutes.
$8'$ 8 minutes.

SECTION I.

INFLUENCE HORAIRE SUR UNE PHASE PRISE ISOLÉMENT.

Cette influence va être mise en évidence par un certain nombre d'exemples empruntés, les uns à la Nouvelle Lune, les autres au Premier Quartier.

Dans mes additions de pluie, je comprends le jour où a commencé la phase en discussion, et je laisse celui où a commencé la phase suivante. Ainsi, sauf indication contraire, les totaux ne comprennent que la pluie d'une seule phase, et non celle de plusieurs.

SEPTEMBRE, OCTOBRE, NOVEMBRE ET DÉCEMBRE.

Ier *Exemple.* — La Nouvelle Lune qui arrive entre 8^m et $9^m, 30'$ donne plus d'eau que celle qui arrive entre 7^m et 8^m.

Le premier cas s'est présenté 17 fois.
Le second cas s'est présenté 15 fois.

  Les 17 premiers cas ont donné..... 532^{mm} d'eau.
  Les 15 derniers cas ont donné..... 266

   Moyenne des premiers cas..... 31$^{mm}\frac{5}{17}$.
   Moyenne des derniers cas..... 17$^{mm}\frac{11}{15}$.

Des différences analogues à celles des moyennes se font remarquer dans les quantités *maxima* des deux catégories.

MAXIMA.

1re catégorie. N. L. de 8^m à 9^m, 30'.				2e catégorie. N. L. de 7^m à 8^m.			
			Eau.				Eau.
1840. 25 oct.	N. L.	9^m, 7'	112^{mm}	1833. 13 oct.	N. L.	7^m, 2'	77^{mm}
1799. 28 sept.	N. L.	8^m, 13'	73	1810. 26 déc.	N. L.	7^m, 18'	26
1828. 9 »	N. L.	8^m, 43'	65	1833. 11 »	N. L.	7^m, 15'	23
1802. 25 nov.	N. L.	8^m, 4'	52	1846. 20 oct.	N. L.	7^m, 53'	21
1838. 17 »	N. L.	8^m, 11'	42	1807. 2 sept.	N. L.	7^m, 14'	20
1831. 6 sept.	N. L.	8^m, 42'	29	1808. 20 sept.	N. L.	7^m, 56'	19
1824. 22 oct.	N. L.	8^m, 13'	21	1843. 23 oct.	N. L.	7^m, 45'	19
1839. 6 nov.	N. L.	8^m, 21'	19	1809. 9 »	N. L.	7^m, 51'	8
1853. 1 »	N. L.	8^m, 48'	14	1820. 7 »	N. L.	7^m, 22'	5
			427				218

  Moyenne de la 1re catégorie..... 47$\frac{4}{9}$.
  Moyenne de la 2e catégorie..... 24$\frac{2}{9}$.

DU 1er JUIN AU 20 AOUT.

IIe *Exemple*. — La Nouvelle Lune qui arrive entre 0^s et 5^s donne plus d'eau que celle qui arrive entre 0^m et 4^m.

Le premier cas s'est présenté 41 fois.
Le second 18 fois.

  Les 41 premiers cas ont donné..... 990^{mm} d'eau.
  Les 18 derniers cas ont donné..... 258

   Moyenne des premiers cas..... 24$^{mm}\frac{6}{41}$.
   Moyenne des derniers cas..... 14$^{mm}\frac{1}{3}$.

MAXIMA.

1ʳᵉ catégorie. N. L. de 0ˢ à 5ˢ.		Eau.	2ᵉ catégorie. N. L. de 0ᵐ à 4ᵐ.		Eau.
1848. 1 juin.	N. L. 2ˢ, 49′	116ᵐᵐ	1844. 14 août.	N. L. 2ᵐ, 41′	51ᵐᵐ
1854. 25 »	N. L. 0ˢ, 11′	95	1847. 13 juin.	N. L. 1ᵐ, 2′	39
1816. 25 »	N. L. 2ˢ, 17′	75	1844. 16 »	N. L. 0ᵐ, 35′	27
1852. 15 août.	N. L. 2ˢ, 7′	70	1845. 5 »	N. L. 1ᵐ, 17′	27
1821. 29 juin.	N. L. 3ˢ, 59′	68	1808. 24 »	N. L. 1ᵐ, 5′	23
1855. 14 »	N. L. 2ˢ, 18′	64	1828. 12 juillet.	N. L. 1ᵐ, 39′	23
1798. 13 juillet.	N. L. 4ˢ, 2′	48	1798. 13 août.	N. L. 0ᵐ, 32′	13
1828. 10 août.	N. L. 4ˢ, 52′	48	1854. 25 juillet.	N. L. 3ᵐ, 25′	12
1830. 20 juin.	N. L. 3ˢ, 12′	45	1838. 22 juin.	N. L. 2ᵐ, 43′	10
1851. 28 juillet.	N. L. 2ˢ, 50′	45	1811. 19 août.	N. L. 2ᵐ, 21′	4
1834. 9 »	N. L. 1ˢ, 47′	44	1821. 29 juillet.	N. L. 2ᵐ, 21′	3
1802. 31 mai.	N. L. 0ˢ, 52′	41	1853. 5 août.	N. L. 0ᵐ, 15′	2
		759			234

Moyenne de la 1ʳᵉ catégorie..... $63\frac{1}{4}$.
Moyenne de la 2ᵉ catégorie..... $19\frac{1}{2}$.

MARS ET AVRIL.

IIIᵉ Exemple.— La Nouvelle Lune qui arrive entre 11ˢ, 40′ et 1ᵐ, 15′ donne plus d'eau que celle qui arrive entre 10ˢ et 11ˢ, 40′.
Le premier cas s'est présenté 6 fois.
Le second 11 fois.

Les 6 premiers cas ont donné..... 233ᵐᵐ d'eau.
Les 11 derniers cas ont donné..... 147

Moyenne des premiers cas..... $38^{mm}\frac{5}{6}$.
Moyenne des derniers cas..... $13^{mm}\frac{4}{11}$.

MAXIMA.

1re catégorie.					2e catégorie.				
N. L. de 11ˢ, 40′ à 1ᵐ, 15′.					N. L. de 10° à 11ˢ, 40′.				
				Eau.					Eau.
1800.	23 avril.	N. L.	0ᵐ, 41′	70ᵐᵐ	1829.	3 avril.	N. L.	10ˢ, 32′	45
1811.	23 »	N. L.	0ᵐ, 23′	49	1848.	3 »	N. L.	11ˢ, 10′	43
1818.	7 mars.	N. L.	1ᵐ, 9′	45	1819.	25 mars.	N. L.	11ˢ, 32′	16
				164					104

Moyenne de la 1ʳᵉ catégorie..... $54\frac{2}{3}$.
Moyenne de la 2ᵉ catégorie..... $34\frac{2}{3}$.

DU 25 JUIN A FIN JUILLET.

IVᵉ Exemple.—La Nouvelle Lune qui arrive entre 6ᵐ et 6ᵐ, 40′ donne plus d'eau que celle qui arrive entre 6ᵐ, 50′ et 8ᵐ, 30′.
Le premier cas s'est présenté 4 fois.
Le second 10 fois.

Les 4 premiers cas ont donné..... 158ᵐᵐ d'eau.
Les 10 derniers cas ont donné..... 115

Moyenne des premiers cas..... $39^{mm}\frac{1}{2}$.
Moyenne des derniers cas..... $11^{mm}\frac{1}{2}$.

MAXIMA.

1re catégorie.					2e catégorie.				
N. L. de 6ᵐ à 6ᵐ, 40′.					N. L. de 6ᵐ, 50 à 8ᵐ, 30′.				
				Eau.					Eau.
1813.	28 juin.	N. L.	6ᵐ, 35′	49ᵐᵐ	1804.	7 juillet.	N. L.	6ᵐ, 53′	27ᵐᵐ
1805.	26 juillet.	N. L.	6ᵐ, 30′	43	1848.	30 »	N. L.	7ᵐ, 34′	26
1814.	17 »	N. L.	6ᵐ, 35′	36	1842.	8 »	N. L.	7ᵐ, 10′	21
1851.	29 juin.	N. L.	6ᵐ, 34′	30	1820.	10 »	N. L.	7ᵐ, 46′	11
				158					85

Moyenne de la 1ʳᵉ catégorie..... $39\frac{1}{2}$.
Moyenne de la 2ᵉ catégorie..... $21\frac{1}{4}$.

JUIN ET JUILLET.

Ve Exemple. — Le Premier Quartier qui arrive entre $11^m,30'$ et 3^s donne plus d'eau que celui qui arrive entre 10^s et 1^m.
Le premier cas s'est présenté 20 fois.
Le second 23 fois.

    Les 20 premiers cas ont donné..... 509^{mm} d'eau.
    Les 23 derniers cas ont donné..... 336

    Moyenne des premiers cas..... $25^{mm}\frac{9}{20}$.
    Moyenne des derniers cas..... $14^{mm}\frac{14}{23}$.

MAXIMA.

1re catégorie.			2e catégorie.		
P. Q. de $11^m,30'$ à 3^s.		Eau.	P. Q. de 10^s à $1^m,30'$.		Eau.
1820. 18 juillet.	P. Q. $11^m,32'$	83^{mm}	1842. 14 juillet.	P. Q. $10^s,15'$	52^{mm}
1843. 5 »	P. Q. $11^m,49'$	71	1853. 13 »	P. Q. $10^s,25'$	49
1806. 22 »	P. Q. $2^s,50'$	70	1808. 2 juin.	P. Q. $0^m,32'$	45
1854. 3 »	P. Q. $1^s,1'$	56	1837. 11 juillet.	P. Q. $1^m,19'$	28
1816. 31 »	P. Q. $2^s,34'$	43	1822. 25 »	P. Q. $10^s,56'$	26
1847. 20 »	P. Q. $1^s,2'$	39	1840. 7 juin.	P. Q. $1^m,26'$	23
1843. 5 juin.	P. Q. $2^s,44'$	36	1801. 19 »	P. Q. $11^s,9'$	11
		398			234

    Moyenne de la 1re catégorie..... $56\frac{6}{7}$.
    Moyenne de la 2e catégorie..... $33\frac{3}{7}$.

On remarquera que les Premiers Quartiers de la 2e catégorie qui ont donné le plus d'eau, sont arrivés avant 11^s. Si nous mettons en regard des nombres ci-dessus ceux des pluies fournies par les Premiers Quartiers de 11^s à $0^m,15'$, l'influence horaire deviendra encore plus frappante.

Le Premier Quartier est arrivé 6 fois, en juin et juillet, entre 11^s et $0^m,15'$; il a donné les résultats ci-après, que l'on voudra bien comparer aux précédents.

				Eau.
1801.	19 juillet.....	P. Q.	11^s, 9'	11^{mm}
1851.	5 »	P. Q.	11^s, 17'	10
1800.	29 juin......	P. Q.	0^m, 16'	5
1818.	11 »	P. Q.	11^s, 0'	3
1809.	21 »	P. Q.	0^m, 7'	0
1832.	4 juillet.....	P. Q.	11^s, 46'	0
				29

Nous arrivons ainsi aux moyennes ci-après :

1° P. Q. de 11^m, 30' à 3^s, moyenne..... 56$\frac{6}{7}$.
2° P. Q. de 10^s à 1^m, 30', moyenne..... 33$\frac{3}{7}$.
3° P. Q. de 11^s à 0^m, 15', moyenne..... 4$\frac{5}{6}$.

JUILLET ET AOUT.

VIe Exemple. — Le Premier Quartier qui arrive entre 4^m et 5^m, 30' donne plus d'eau que celui qui arrive entre 6^m et 8^m.
Le premier cas s'est présenté 9 fois.
Le second 15 fois.

Les 9 premiers cas ont donné..... 301^{mm} d'eau.
Les 15 derniers cas ont donné..... 108 .

Moyenne des premiers cas..... 33$^{mm}\frac{4}{9}$.
Moyenne des derniers cas..... 7$^{mm}\frac{1}{5}$.

J'ai comparé le Premier Quartier qui arrive entre 4^m et 5^m, 30' à celui qui arrive entre 6^m et 8^m. Mais de 6^m à 8^m le Premier Quartier n'est pas également impluvieux. Ainsi, par exemple, de 7^m à 7^m, 30' il a beaucoup plus de tendance à la pluie que de 7^m, 31' à 7^m, 55'. Cela est vrai pour les mois de juin, juillet et août. Onze cas se sont présentés depuis 1796; ils ont fourni les résultats suivants :

	P. Q. de 7^m à 7^m, 30',			Eau.		P. Q. de 7^m, 31' à 7^m, 55'.			Eau.
1805.	23 juin.	P. Q.	7^m, 12'	14^{mm}	1809.	20 juillet.	P. Q.	7^m, 32'	0^{mm}
1817.	22. »	P. Q.	7^m, 12'	25	1812.	15 août.	P. Q.	7^m, 37'	0
1827.	2 juillet.	P. Q.	7^m, 18'	6	1822.	26 juin.	P. Q.	7^m, 38'	1
1798.	20 »	P. Q.	7^m, 21'	23	1818.	11 juillet.	P. Q.	7^m, 47'	0
1810.	8 août.	P. Q.	7^m, 30'	23	1805.	2 août.	P. Q.	7^m, 48'	0
				91	1801.	18 »	P. Q.	7^m, 54'	0
									1

Nous arrivons ainsi aux moyennes ci-après :

P. Q. de 4^m à $5^m, 30'$, moyenne..... $33\frac{1}{9}$.
P. Q. de 7^m à $7^m, 30'$, moyenne..... $18\frac{1}{5}$.
P. Q. de $7^m, 31'$ à $7^m, 55'$, moyenne..... $0\frac{1}{6}$.

On peut multiplier les rapprochements, on peut les étendre à la Pleine Lune et au Dernier Quartier ; chaque phase donnera des résultats non moins tranchés. Les feuilles égarées de mes manuscrits en contenaient de nombreux exemples, que l'état de ma vue ne me permet pas de chercher à nouveau.

L'influence de l'heure sur chaque phase, prise isolément, est manifeste. Mais, ainsi que je l'ai dit, la pluie ne peut dépendre d'une seule phase. Nous venons de voir qu'un Premier Quartier, arrivé à $7^m, 12'$, n'avait donné que 14^{mm} d'eau, tandis qu'un autre Premier Quartier, arrivé à $7^m, 12'$, en avait donné 25 ; la raison de cette différence se trouve dans les précédentes phases.

Passons aux combinaisons horaires pluvieuses.

SECTION II.

ÉQUIDISTANCE.

La pluie vient de loin ; la nature ne fait rien avec précipitation : le météore qui éclate aujourd'hui a pu prendre sa source dans une phase lunaire remontant à six ou sept semaines. Il n'est pas rare de voir le vent du sud régner tout ce temps avant de donner de l'eau.

Si les cycles lunaires ramenaient les phases aux mêmes heures et aux mêmes minutes, chaque jour de chaque cycle serait semblable aux jours correspondants de tous les autres cycles. Il suffirait de posséder dix-neuf années d'observations pour prédire le temps, jusque dans l'avenir le plus lointain. Mais les cycles ne ramènent pas les phases aux mêmes heures et minutes; il y a souvent des écarts considérables. En janvier 1800, la Lune était en conjonction le 24 à $3^m,17'$. En 1819, la conjonction s'effectuait le 26 à $1^m,19'$, les autres phases offraient des écarts analogues; la périodicité des phénomènes lunaires n'ayant pas l'exactitude voulue, il fallait se livrer à un autre travail de comparaison.

J'ai besoin ici d'initier le lecteur à quelques-unes des complications du problème qui nous occupe; sans cela il comprendrait mal la plupart des détails qui vont passer sous ses yeux; le point de départ est tout dans un travail de ce genre.

Nous savons que l'heure agit sur chaque phase prise isolément, mais nous allons avoir à combiner entre elles un certain nombre de phases. Là commencent les difficultés. Nous avons vu qu'en juin, juillet et août, le Premier Quartier avait une tendance moyenne à la pluie, lorsqu'il arrivait entre 7^m et $7^m,30'$; qu'il était au contraire à peu près impluvieux, lorsqu'il arrivait entre $7^m,31'$ et $7^m,55'$. Dans l'espace de soixante ans, combien de fois, en juin, juillet et août, le Premier Quartier est-il arrivé entre 7^m et $7^m,55$? Onze fois; c'est peu pour une période de plus d'un demi-siècle. Si la pluie, en général, est le résultat, non d'une phase unique, mais de plusieurs (trois par exemple) arrivant chacune à une heure voulue et, approximativement, à une minute voulue, il est évident que les exemples de chaque combinaison horaire seront peu nombreux, et que les météores aqueux, au lieu de se grouper par masses, se grouperont à peine par trois, quatre ou cinq. On ne moissonne pas dans le champ de la météorologie, on y glane. La preuve de la loi qui régit les phénomènes ressortira, moins de la valeur numérique de chaque groupe, que de la multiplicité de ceux-ci. Je suppose que cent combinaisons horaires différentes offrent chacune trois ou quatre cas analogues, sinon similaires, que tous les cas *analogues* de chacune des cent combinaisons aient été suivis de météores non moins *analogues*, il faudra bien voir là la preuve certaine de la loi que je veux démontrer.

Le problème soulève deux questions :

1° Peut-on prédire la pluie?

2° Peut-on prédire la quantité d'eau?

Sur la première question, le lecteur attentif aura pleine satisfaction.

Il en sera de même sur la seconde, s'il veut bien ne pas précipiter son jugement et attendre, pour chaque cas, les explications que j'aurai à fournir.

Avec la même combinaison horaire approximative, la quantité d'eau peut varier, non-seulement d'un mois à l'autre, mais d'une décade à l'autre. C'est ce qui va être démontré par quelques exemples, attestant tout à la fois l'influence de l'heure et l'influence de l'époque.

En août, la Nouvelle Lune qui arrive entre 5^m et $8^m,30'$ est pluvieuse, lorsque le Dernier Quartier qui la précède arrive entre 11^s et $3^m,40'$ —A.— Elle donne aussi de l'eau, mais en plus petite quantité, lorsque le Dernier Quartier arrive entre 11^m et $0^s,30'$ —B.

Dans les deux cas, la quantité d'eau va en décroissant à mesure que la Nouvelle Lune s'éloigne du commencement du mois d'août. Ainsi, vers le milieu du mois, la pluie est moins forte que si la phase vient dans les premiers jours.

Les exemples suivants (les seuls, bien entendu, qu'offre le Journal météorologique de Genève) font voir la marche décroissante du météore.

A

				Eau.
1845.	26 juillet..... D. Q.	$3^m, 29'$		
	3 août...... N. L.	$7^m, 34'$	.....	39^{mm}
1812.	31 juillet..... D. Q.	$0^m, 27'$		
	7 août...... N. L.	$5^m, 4'$	.....	34
1825.	7 août...... D. Q.	$0^m, 23'$		
	14 » ...... N. L.	$7^m, 7'$	.....	27
1803.	9 août...... D. Q.	$11^s, 9'$		
	17 » ...... N. L.	$8^m, 28'$	.....	25

B

1815.	29 juillet..... D. Q.	$11^m, 12'$		
	5 août...... N. L.	$7^m, 9'$	.....	19
1840.	20 août...... D. Q.	$0^s, 27'$		
	27 » ...... N. L.	$6^m, 52'$	.....	12
			Total.....	156

Les cas où la Nouvelle Lune n'a pas été précédée du Dernier Quartier aux heures indiquées, c'est-à-dire entre 11ˢ et 3ᵐ,40′ ou 11ᵐ et 0ˢ,30′, ont fourni les résultats suivants, en août :

				Eau.
1806.	7 août..... D. Q.	1ˢ,29′		
	11 » ...... N. L.	7ᵐ,42′	......	5ᵐᵐ
1809.	3 août...... D. Q.	5ᵐ,30′		
	11 » ...... N. L.	7ᵐ,42′	......	1
1816.	19 août...... D. Q.	5ᵐ,7′		
	23 » ...... N. L.	7ᵐ,11′	......	0
1849.	11 août...... D. Q.	1ˢ,42′		
	18 » ...... N. L.	5ᵐ,42′	......	0
		Total.....		6

Les 6 premiers cas ont donné..... 156ᵐᵐ d'eau.
Les 4 derniers cas ont donné..... 6

Moyenne des premiers cas..... 26.
Moyenne des derniers cas..... 1½.

De 1803, année du cas le plus ancien, à 1849, année du cas le plus récent, la loi ne s'est pas démentie. Des prédictions suivies de résultats si tranchés satisferaient, je pense, les plus difficiles.

La décroissance si régulière, je dirais presque si mathématique, qui se fait remarquer dans les cas A et B, à mesure que la Nouvelle Lune s'éloigne du commencement d'août, est également de nature à frapper les esprits attentifs. On était loin de se douter que les météores fussent soumis à tant de précision. Mais les cas A et B ne seraient-ils pas purement fortuits? Il importe d'élucider la question.

Si la loi est vraie, c'est le Dernier Quartier qui prépare la pluie et c'est la Nouvelle Lune qui la donne. Concentrons notre attention sur la phase génératrice; sa position implique celle de la Nouvelle Lune dont elle est suivie.

Dans les cinq premiers exemples en discussion, le Dernier Quartier appartient aux derniers jours de juillet ou au commencement du mois d'août. Vers cette époque, le Dernier Quartier aurait-il réellement une tendance pluvieuse *décroissante?* Examinons.

Cinquante-neuf mois d'août, de 1796 à 1855, ont donné à Genève 4^m,160^{mm} d'eau : moyenne par mois, en chiffres ronds, 70^{mm}.

Le Dernier Quartier est arrivé 20 fois dans les dix premiers jours du mois d'août (*a*). Les 20 cas ont donné 1^m,735^{mm} d'eau.

Le Dernier Quartier est arrivé 22 fois dans la seconde décade d'août (*b*). Les 22 cas ont donné 1^m,225^{mm} d'eau.

$$\text{Moyenne des 20 premiers cas} \ldots \ldots 86 \tfrac{15}{20}.$$
$$\text{Moyenne des 22 derniers cas} \ldots \ldots 55 \tfrac{15}{22}.$$
$$\text{Différence} \ldots \ldots 31$$

Ce rapprochement démontre l'influence de la position qu'occupe le Dernier Quartier et conséquemment la Nouvelle Lune, vers la fin de juillet ou dans les premiers jours du mois d'août. Il prouve que cette influence est plus considérable au commencement d'août que vers le milieu (à la fin du mois l'influence redevient croissante).

Ainsi, les exemples A et B n'ont rien de fortuit; ils témoignent de la parfaite régularité de la loi qui régit les météores.

Des observations analogues pourront être faites sur les autres mois de l'année.

Dans les exemples qui précèdent, j'ai mis deux phases en jeu; essayons maintenant d'en mettre trois.

La Nouvelle Lune arrivant de 10^m à 1^s,45′ est pluvieuse, lorsqu'elle est précédée du Dernier Quartier de 10^m à 11^m,15′ et que, dans la lunaison antérieure, la Nouvelle Lune est arrivée entre 7^s et 2^m environ.

Une phase pluvieuse transmet fréquemment une partie du météore à la phase qui la suit et même, comme on le verra plus loin, aux deux phases subséquentes. Quant à la Nouvelle Lune, voisine de midi, précédée comme je viens de l'indiquer,

---

(*a*) Août 1798, 1801, 1803, 1806, 1809, 1814, 1817, 1820, 1822, 1825, 1828, 1831, 1833, 1836, 1839, 1841, 1844, 1847, 1850, 1852.

(*b*) Août 1797, 1800, 1802, 1805, 1808, 1811, 1813, 1816, 1819, 1821, 1824, 1827, 1830, 1832, 1835, 1838, 1840, 1843, 1846, 1849, 1851, 1854.

elle donne généralement de l'eau à onze ou douze jours d'intervalle de la conjonction. Le cas s'est présenté 6 fois; il a donné, dans l'espace de douze jours, les résultats suivants :

					Nombre de jours pluvieux.
1800.	20 juillet.....	N. L.	$9^s, 49'$		
	11 août......	D. Q.	$10^m, 52'$		
	19 »	N. L.	$10^m, 26'$......	7	
1802.	2 mai.......	N. L.	$1^m, 52'$		
	24 »	D. Q.	$11^m, 5'$		
	31 »	N. L.	$0^s, 52'$......	6	
1803.	23 septembre.	N. L.	$0^m, 58'$		
	15 octobre...	D. Q.	$11^m, 11'$		
	22 » ...	N. L.	$1^s, 30'$......	6	
1835.	27 avril......	N. L.	$9^s, 30'$		
	19 mai.......	D. Q.	$10^m, 48'$		
	27 »	N. L.	$1^s, 41'$......	5	
1836.	9 novembre.	N. L.	$1^m, 44'$		
	1 décembre.	D. Q.	$10^m, 21'$		
	8 » .	N. L.	$1^s, 9'$......	7	
1837.	29 septembre.	N. L.	$8^s, 12'$		
	21 octobre...	D. Q.	$10^m, 5'$		
	29 » ...	N. L.	$11^m, 42'$......	6	

En mai (1835), le nombre des jours pluvieux n'a été que de 5; pour tous les autres mois, il a été de 6 ou de 7 : analogie assurément remarquable.

A mesure qu'on s'écarte des conditions horaires précédemment indiquées, on trouve des périodes pluvieuses de moins en moins fortes.

J'aborde maintenant la loi fondamentale des météores aqueux. Parmi les rapports horaires qui donnent la pluie, je place en première ligne l'*équidistance*.

J'explique l'équidistance par quelques exemples :

Le 14 juillet 1817, la Lune était Nouvelle à..... $10^m, 26'$.
Le 12 août, elle était Nouvelle à............. $10^s, 50'$.

Les deux Nouvelles Lunes étaient équidistantes, à 24' près,

la première par rapport à midi et la seconde par rapport à minuit.

Le 9 juillet 1831, la Nouvelle Lune arrivait à..... $1^s, 57'$.
Le 7 août, elle arrivait à.................... $10^s, 13'$.

Les deux Nouvelles Lunes étaient encore équidistantes, sauf un écart de 10', la première étant venue $1^h,57'$ après midi et la seconde $1^h,47'$ avant minuit.

L'équidistance peut exister entre deux phases différentes :

9 juillet 1816. P. L. $0^s, 31'$.
24 » » N. L. $11^s, 18'$.

Les deux phases étaient équidistantes, sauf un écart de 11'. En effet, si la Nouvelle Lune du 24 juillet fût arrivée à $11^s, 29'$, au lieu de $11^s, 18'$, elle eût été comme la Pleine Lune à $0^h, 31'$ d'un phénomène *cardinal*.

Il en est des équidistances comme de chaque phase prise isolément; les unes sont pluvieuses et les autres impluvieuses, leur valeur météorologique dépend essentiellement des heures auxquelles elles s'opèrent et de l'heure de la phase sur laquelle elles doivent influer. On ne peut être fixé que par un travail de comparaison : ici l'imagination n'a rien à faire.

En août notamment, la Nouvelle Lune qui arrive entre $9^s, 40'$ et 11^s est pluvieuse, si elle est équidistante à la précédente Nouvelle Lune, arrivée vers midi, pourvu que l'écart ne dépasse pas demi-heure. La quantité d'eau dépend : 1° de l'amplitude de l'écart (moins celui-ci est considérable, plus la pluie est abondante) — A —; 2° du moment précis où arrive la Nouvelle Lune : avant $9^s, 45'$ environ, elle donne moins d'eau que passé cette heure — B —.

Je classe les météores dans l'ordre décroissant :

A

				Écart.	Eau.
1831.	9 juillet.....	N. L.	$1^s, 57'$	10'	
	7 août......	N. L.	$10^s, 13'$		47^{mm}
1832.	27 juillet.....	N. L.	$10^s, 13'$	18'	
	25 août......	N. L.	$9^s, 55'$		40
1817.	14 juillet.....	N. L.	$10^m, 26'$	24'	
	12 août......	N. L.	$10^s, 50'$		35

B

				Écart.	Eau.
1841.	18 juillet.....	N. L.	$2^s, 22'$	} 5'	
	16 août......	N. L.	$9^s, 43'$	}	27
1850.	9 juillet.....	N. L.	$2^s, 36'$	} 19'	
	7 août......	N. L.	$9^s, 43'$	}	29

La décroissance est parfaitement indiquée dans les trois cas A, à mesure que l'amplitude de l'écart augmente.

Mais il en est autrement dans les deux cas B. Ainsi la combinaison qui ne présente qu'un faible écart de 5' donne 2^{mm} de moins que celle qui offre un écart de 19'. Pourquoi cela ? Une nouvelle preuve de la loi *équidistantielle* va ressortir de cette différence qui semble la contredire.

Le cas de 1850 offre deux équidistances, tandis que celui de 1841 n'en offre qu'une. Si la loi est vraie, deux causes réunies doivent avoir plus d'action qu'une seule. Rétablissons les deux exemples avec les phases intermédiaires (j'indique par *éq.* les phases équidistantes).

1841.				1850.			
18 juillet...	N. L.	$2^s, 22'$ éq¹.		9 juillet...	N. L.	$2^s, 36'$ éq¹.	
25 » ...	P. Q.	$8^m, 30'$		16 » ...	P. Q.	$6^m, 50'$	
2 août....	P. L.	$10^m, 11'$		24 » ...	P. L.	$5^m, 33'$ éq².	> Écart 7'.
10 »	D. Q.	$6^m, 28'$		1 août....	D. Q.	$5^m, 26'$ éq².	
16 »	N. L.	$9^s, 43'$ éq¹.		7 »	N. L.	$9^s, 43'$ éq¹.	

Comme on le voit, le cas de 1850, qui a donné un peu plus d'eau, offre une double équidistance : 1° celle des deux Nouvelles Lunes ; 2° celle de la Pleine Lune et du Dernier Quartier ; tandis que l'exemple de 1841 ne présente d'autre équidistance que celle des deux Nouvelles Lunes.

Trois autres cas vont faire ressortir l'influence de la double équidistance approximative.

Lorsque la Pleine Lune et la Nouvelle Lune, après être arrivées vers midi (à 2 heures près), arrivent subséquemment l'une et l'autre vers minuit, la seconde Nouvelle Lune donne de fortes pluies dans les douze jours qui suivent la conjonction.

				Eau.
1811.	8 mai......	P. L.	0ˢ, 45′	
	22 »	N. L.	10ᵐ, 52′	
	6 juin	P. L.	11ˢ, 17′	
	20 »	N. L.	10ˢ, 11′	79ᵐᵐ
1818.	22 janvier...	P. L.	10ᵐ, 36′	
	5 février...	N. L.	10ᵐ, 48′	
	21 »	P. L.	1ᵐ, 39′	
	7 mars......	N. L.	1ᵐ, 9′	51
1819.	10 avril....	P. L.	1ˢ, 15′	
	24 »	N. L.	11ᵐ, 57′	
	10 mai......	P. L.	0ᵐ, 16′	
	24 »	N. L.	1ᵐ, 11′	83

(En juillet et dans quelques autres mois, cette double équidistance transmet le météore au Premier Quartier, si l'heure en est pluvieuse.)

On remarquera la presque identité des quantités d'eau tombées en mai 1811 et juin 1819 (79ᵐᵐ et 83). La différence en moins que présente le mois de mars 1818 tient à la différence d'époque. A Genève, comme dans la majeure partie de l'Europe occidentale, la moyenne pluviométrique de mars est de beaucoup inférieure à celle de mai et de juin. Cette différence même confirme la règle.

Le Premier Quartier est, des quatre phases, celle qui donne ou transmet le plus d'eau.

Le Premier Quartier qui arrive entre 10ˢ et 2ᵐ environ est pluvieux, notamment lorsque deux des quatre phases qui le précèdent sont équidistantes entre 6ᵐ et 10ᵐ environ. Plus le Premier Quartier se rapproche de 11ˢ, plus la quantité d'eau est considérable.

Les phases *inéquidistantes* interposées peuvent aussi exercer une grande influence, qui sera signalée.

Je cite trois premiers exemples qui vont servir de base de discussion. J'indique par *éq.* les phases équidistantes et par *dé.* le Premier Quartier *déterminant*, celui qui fait aboutir le météore.

(35)

Eau.

1820. 15 sept. P. Q. $2^s,28'$
 22 » . P. L. $6^m,57'$ éq.
 29 » . D. Q. $3^m,11'$
 7 oct.. N. L. $7^m,22'$ éq.
 15 » . P. Q. $1^m,2'$ dé. (13 jours pluvieux consécutifs). 106^{mm}

1811. 25 sept. P. Q. $3^m,58'$
 2 oct.. P. L. $7^m,24'$ éq.
 9 » .. D. Q. $7^m,9'$ éq.
 17 » .. N. L. $0^s,2'$
 25 » .. P. Q. $1^m,2'$ dé. (7 jours pluvieux consécutifs). 103

1823. 12 sept. P. Q. $6^m,55'$
 20 » . P. L. $9^m,10'$ éq.
 27 » . D. Q. $1^s,5'$
 4 oct.. N. L. $8^m,51'$ éq.
 12 » .. P. Q. $2^m,15'$ dé. (6 jours pluvieux consécutifs). 56

Différence dans la durée des périodes pluvieuses;
Différence dans les quantités d'eau;
Tels sont les deux points que ces exemples nous offrent à examiner.

Je serai bref sur le premier. Un travail comparatif m'a prouvé que la période pluvieuse se concentrait dans le Premier Quartier ou s'en écartait peu, 1° lorsque le Premier Quartier arrivait vers 2^m ou plus tard (*a*); 2° lorsque la Nouvelle Lune qui précédait le Premier Quartier était très-voisine de midi (*b*). La première raison explique la brièveté de la période pluvieuse d'octobre 1823; la seconde explique la brièveté de la période de 1811.

Reste la question des quantités.

Retenons d'abord que les deux Premiers Quartiers d'octobre 1811 et d'octobre 1820, arrivés exactement l'un et l'autre à $1^m,2'$ ont donné, l'un 103, l'autre 106^{mm} d'eau : analogie frappante.

Quant au Premier Quartier d'octobre 1823, arrivé à $2^m,15'$, .

(*a*) *Voir* novembre 1812, octobre 1818, janvier 1820, août 1821, décembre 1841.
(*b*) *Voir* juin 1808.

c'est-à-dire $1^h 13'$ plus tard que les précédents, la différence quantitative s'explique par la différence horaire. De nombreux exemples le prouvent; citons-en deux, empruntés à des époques identiques.

					Eau.
1812.	15 février.	P. Q.	$11^s, 36'$		
	27 »	P. L.	$6^m, 0'$ éq.		
	6 mars..	D. Q.	$9^m, 58'$	écart... $31'$	
	13 » ..	N. L.	$6^m, 31'$ éq.		
	19 » ..	P. Q.	$11^s, 10'$ dé.	(13 jours pluvieux)...	83^{mm}
1845.	14 février.	P. Q.	$5^m, 9'$		
	22 »	P. L.	$6^m, 56'$ éq.		
	1 mars..	D. Q.	$10^m, 23'$	écart... $10'$	
	8 » ..	N. L.	$6^m, 46'$ éq.		
	16 » ..	P. Q.	$2^m, 2'$ dé.	(6 jours pluvieux)...	56

En mars 1845, l'équidistance n'offrait qu'un écart de $10'$, tandis qu'en 1812 l'écart était de $31'$. Néanmoins, en 1845, la chute d'eau n'était que de 56^{mm}, au lieu de 83, d'où il faut conclure que le Premier Quartier est beaucoup moins pluvieux vers 2^m que vers 11^s, ce qui sera d'ailleurs prouvé par d'autres exemples.

Nous avons déjà vu que deux Premiers Quartiers arrivés à $1^m, 2'$ avaient donné, l'un 103 et l'autre 106^{mm} d'eau; remarquons encore que deux Premiers Quartiers arrivés, celui de 1823 à $2^m, 15'$, celui de 1845 à $2^m, 2'$, ont exactement donné l'un et l'autre 56^{mm} (*a*).

Je rappelle que le Premier Quartier pluvieux transmet de l'eau aux deux phases subséquentes : 1° lorsqu'il est rapproché de minuit; 2° lorsque la Nouvelle Lune qui le précède n'est pas très-voisine de midi. Les cas qui vont être cités se trouvant dans ces conditions, je totalise l'eau donnée par le Premier Quartier déterminant et les deux phases suivantes :

(*a*) Dans des conditions horaires et équidistantielles identiques, le Premier Quartier donne moins d'eau en mars qu'en octobre. Mais, en mars 1845, le Premier Quartier arrivait $13'$ plus tôt qu'en octobre 1823; en mars, la différence équidistantielle n'était que de $10'$, tandis qu'en octobre elle était de $19'$.

						Eau.
1799.	6 sept..	P. Q.	$3^s,8'$	⎫		
	14 » ..	P. L.	$2^m,40'$	⎪		
	22 » ..	D. Q.	$7^m,32'$ éq.	⎬ écart... $41'$		
	28 » ..	N. L.	$8^m,13'$ éq.	⎪		
	4 oct...	P. Q.	$11^s,43^s$ dé.	⎭	....	139^{mm}
1816.	28 sept..	P. Q.	$8^m,35'$ éq.	⎫		
	6 oct...	P. L.	$9^m,39'$	⎪		
	14 » ...	D. Q.	$8^m,45'$ éq.	⎬ écart... $10'$		
	21 » ...	N. L.	$0^m,6'$	⎪		
	27 » ...	P. Q.	$11^s,29'$ dé.	⎭	....	173
1840.	5 août..	P. Q.	$5^m,24'$	⎫		
	13 » ..	P. L.	$7^m,25'$ éq.	⎪		
	20 » ..	D. Q.	$0^s,27'$	⎬ écart... $28'$		
	27 » ..	N. L.	$6^m,53'$ éq.	⎪		
	3 sept..	P. Q.	$10^s,47'$ dé.	⎭	....	204

Il a été précédemment énoncé que le Premier Quartier déterminant donnait ou transmettait d'autant plus d'eau qu'il se rapprochait plus de 11^s. C'est ce que mettent en évidence les chiffres suivants :

			Eau.
1845.	P. Q.	$2^m,2'$......	56^{mm}
1823.	P. Q.	$2^m,15'$......	56
1811.	P. Q.	$1^m,2'$......	103
1820.	P. Q.	$1^m,2'$......	106
1799.	P. Q.	$11^s,43^s$.....	139
1816.	P. Q.	$11^s,29'$.....	173
1840.	P. Q.	$10^s,47'$.....	204

Cependant les différences quantitatives des trois derniers cas tiennent encore à des raisons autres que les différences horaires.

Entre 1799 et 1816, il y a la différence des écarts : $41'$ dans le premier cas, $10'$ dans le second.

Quant au mois de septembre 1840, dont les derniers jours donnèrent 36^{mm} d'eau, indépendamment des 204 déjà indiqués, il doit être examiné de près.

Les phases équidistantes ne sont pas tout, il s'en faut; on doit tenir grand compte des phases inéquidistantes interposées. En météorologie, pas plus qu'en astronomie, il n'y a de rouage inerte. En 1840, le Dernier Quartier, antérieur au Premier Quartier déterminant, arrivait à 0^s,27′; or j'attribue au Dernier Quartier, à mesure qu'il se rapproche de 0^s, une influence aggravante très-marquée, influence plus considérable encore dans les premiers mois de l'année que dans les derniers.

Le mois de mai nous fournit deux exemples :

                                                                                                Eau.

1817.	24 avril.	P. Q.	3^s, 31′		
	1 mai..	P. L.	7^m, 42′ éq.		
Hic.	8 » ..	D. Q.	3^m, 44′	écart... 33′	
	16 » ..	N. L.	7^m, 9′ éq.		
	24 » ..	P. Q.	0^m, 56′ dé.	(5 jours pluvieux)...	28^{mm}
1816.	5 avril.	P. Q.	4^s, 32′		
	12 » .	P. L.	9^m, 52′ éq.		
Hic.	19 » .	D. Q.	9^m, 48′ éq.	écart... 4′	
	27 » .	N. L.	1^s, 40′		
	5 mai..	P. Q.	0^m, 18′ dé.	(12 jours pluvieux)...	76

L'énorme différence qui se fait remarquer entre les quantités d'eau fournies par ces deux cas tient sans doute en partie à la grande différence que présentent les écarts, mais elle tient surtout à la différence horaire des deux Derniers Quartiers par rapport à midi.

Deux autres exemples que nous fournit le mois de juin vont, à cet égard, lever tous les doutes.

                                                                                                 Eau.

1808.	3 mai..	P. Q.	4^m, 51′		
	10 » ..	P. L.	7^m, 48′ éq.		
Hic.	17 » ..	D. Q.	7^m, 11′ éq.	écart... 37′	
	25 » ..	N. L.	11^m, 28′		
	2 juin .	P. Q.	0^m, 32′ dé.	(9 jours pluvieux)...	81^{mm}
1849.	29 avril.	P. Q.	2^s, 27′		
	7 mai..	P. L.	7^m, 16′ éq.		
Hic.	15 » ..	D. Q.	10^m, 40′	écart... 30′	
	22 » ..	N. L.	7^m, 46′ éq.		
	28 » ..	P. Q.	11^s, 33′	(14 jours pluvieux)...	140

Ainsi, en juin comme en mai, le Premier Quartier précédé du Dernier Quartier le plus voisin de midi est celui qui donne ou transmet le plus d'eau; même avec des écarts équidistantiels peu différents, les quantités d'eau offrent des différences considérables.

Enfin, de tous les mois de septembre observés à Genève, c'est celui de 1840 qui a donné le plus d'eau.

Le jour qui, dans l'espace de 60 ans, a donné le plus d'eau (176^{mm}), est le 21 décembre 1841.

Or, en septembre 1840, le Dernier Quartier, précurseur de la pluie, arrivait à...................... .... 0^s,27′

En 1841, le Dernier Quartier arrivait à........... 0^s,25′

En vérité, si c'est le hasard qui fait toutes ces coïncidences, il faut convenir qu'il est doué d'un grand génie de combinaison.

SECTION III.

ÉQUIDISTANCE RELATIVE. — MI-ÉQUIDISTANCE

L'équidistance *relative* suppose l'équidistance *absolue*.

L'équidistance absolue est celle dont nous venons de nous occuper.

Une phase arrive à 4^h, une autre à 8^h,10′; elles sont équidistantes *absolues*, avec un écart de 0^h,10′ par rapport à midi ou minuit.

L'équidistance absolue n'implique nécessairement que deux phases, l'équidistance relative en implique trois au moins.

$$\text{La phase A}^1 \text{ arrive à } 2^h, 50',$$
$$\text{» B » à } 9^h, 5',$$
$$\text{» A}^2 \text{ revient à } 2^h, 40'.$$

Analysons cette double combinaison :

$$\left.\begin{array}{ll} A^1 & 2^h, 50' \\ B & 9^h, 5' \end{array}\right\} \text{écart......} \quad 0^h, 5'.$$

En effet, $9^h,5'$ est de $0^h,5'$ plus éloigné de midi ou de minuit que $2^h,50'$.

$$A^1 \quad 2^h,50' \atop A^2 \quad 2^h,40'\Big\} \text{ écart}\ldots \quad 0^h, 10'.$$

La différence de 5 à 10 étant de 5, il en résulte que les trois phases sont équidistantes *relatives*, avec une *différence* de $5'$.

Dans les équidistances relatives, ainsi qu'on le verra bientôt, on ne doit tenir compte que de la *différence* que présentent les écarts, et non des écarts eux-mêmes.

De ce qui vient d'être dit, on pourrait inférer que, toutes les fois que deux phases sont équidistantes absolues, toute autre phase rapprochée leur est équidistante relative. Deux phases arrivent à 11^h, une troisième arrive à 7^h; cette troisième est également distante de chacune des deux autres; donc elle est équidistante relative.

Il ne faut rien exagérer. Dans les exemples qui vont être cités, je ne fais entrer en combinaison que des phases dont le plus grand écart n'excède pas $40'$.

On comprend que l'équidistance relative peut également exister entre quatre phases qui, comparées deux à deux, offrent des écarts peu différents.

Qu'est-ce que la *mi-équidistance?*

Si les quatre phénomènes cardinaux solaires divisaient le jour en quatre périodes égales, la durée de chaque période serait de 6 heures : nous aurions constamment de la sorte des jours de douze heures et des nuits de douze heures.

La moitié de 6 est de 3.

La *mi-équidistance* est le rapport horaire de deux phases entre lesquelles existe un écart de *trois heures*, moitié d'une des périodes supposées.

Exemples :

$$\text{Phase A } 0^h \quad A\,4 \quad A\,7 \quad A\,2 \quad A\,8 \quad A\,10,$$
$$\text{» } B\,3^h \quad B\,1 \quad B\,4 \quad B\,5 \quad B\,11 \quad B\,7.$$

Tous ces rapports constituent des mi-équidistances, c'est-à-dire des équidistances avec des intervalles de 3 heures.

Les mi-équidistances, auxquelles concourent trois phases au moins, peuvent être *relatives*, absolument comme les équidistances. Les trois phases sont mi-équidistantes relatives si, comparées deux à deux, elles offrent des écarts à peu près semblables.

Il y a des mi-équidistances impluvieuses, de même qu'il y a des équidistances impluvieuses ; la valeur météorologique des combinaisons dépend essentiellement des heures auxquelles s'opèrent les phases combinées. La question horaire domine tout le système : pour mieux dire, la question horaire est tout le système. S'il en était autrement, les météores seraient simultanés pour tout le globe, car, lorsque les phases sont équidistantes ou mi-équidistantes sur un point, elles le sont sur tous avec de légères différences.

Mais alors comment distinguer les combinaisons pluvieuses de celles qui ne le sont pas? J'ai déjà répondu à cette question : on distinguera les unes des autres par un simple travail de comparaison, qui devra être fait pour chaque région possédant une longue série d'observations.

Sous le mérite de ces observations, je pose les règles ci-après :

1° Lorsque, sur sept phases consécutives, trois *au moins* sont équi ou mi-équidistantes, la dernière phase équi ou mi-équidistante donne la pluie. Si elle est impluvieuse à cause de l'heure, elle transmet le météore à la phase suivante, si cette dernière est pluvieuse.

2° La quantité d'eau est en raison inverse de l'amplitude de la *différence* qu'offrent les écarts des combinaisons.

Exemple. La Pleine Lune d'octobre 1827 donna 100 millimètres d'eau.

Les combinaisons étaient les suivantes :

Differ.

A 21 septembre.   N. L. $3^m, 40'$ } écart... 16' }
   28   »   P. Q. $3^m, 24'$ } 0
B 5 septembre.   P. L. $2^s, 45^s$ } écart... 16' }
    5 octobre...   P. L. $2^m, 29'$

Si la différence, au lieu d'être de 0, eût été de 8' à 10', la Pleine Lune d'octobre eût donné une quantité d'eau moitié moindre. Si la différence eût été de 15' ou 20', cette phase eût donné le beau temps au lieu de la pluie.

On ne doit donc tenir compte que de la différence existant entre les écarts. Mais doit-on toujours tenir compte de toute la différence? Non.

Une des deux combinaisons offre un écart de 10' à 15'; l'autre combinaison n'offre aucun écart : l'équidistance est parfaite. Très-souvent une seule équi ou mi-équidistance parfaite suffit pour amener la pluie; une équidistance même imparfaite, combinée avec elle, ne peut évidemment qu'aggraver le phénomène.

On sera très-près de la vérité en adoptant les bases suivantes, à la condition toutefois que le plus grand écart n'excédera pas $0^h,15'$.

Si l'équi ou la mi-équidistance la plus exacte n'offre pas un écart de plus de $0^h,3'$, on ne prendra que le tiers de la différence entre le petit et le grand écart. On en prendra la moitié si le petit écart est de 4' ou 5'; les deux tiers, si le petit écart est de 6' ou 7'. Au delà, on prendra toute la différence.

3° L'équidistance, pour une même phase, peut avoir pour point de départ deux phénomènes cardinaux différents.

Exemple. Le Dernier Quartier d'octobre 1804 donna 67 millimètres d'eau.

Les combinaisons pluvieuses étaient les suivantes :

	26 septembre......	D. Q.	$7^m, 31'$
	19 octobre.........	P. L.	$1^m, 26'$
	25 »	D. Q.	$4^s, 19'$
A	26 septembre......	D. Q.	$7^m, 31'$
	25 octobre.........	D. Q.	$4^m, 19'$

Cette première combinaison offrait une mi-équidistance avec écart de $0^h,12'$.

Le 26 septembre, le Soleil se levait à $5^h,53'$, c'est-à-dire $1^h,38'$ avant l'arrivée du Dernier Quartier. La syzygie de la Pleine Lune s'étant effectuée le 19 octobre à $1^m,26'$, le Dernier Quartier formait une seconde combinaison horaire.

B	26 septembre...	D. Q.	$1^h,38'$ (après le lever).
	19 octobre	P. L.	$1^h,26'$ (après minuit).

Cette seconde combinaison donnait, comme la première, un écart de $0^h,12'$. — Différence, 0.

Telles sont les lois qui régissent la plupart des météores aqueux; je compléterai mes indications dans la Section suivante de ce travail.

Ces lois existent-elles réellement? Ou les ai-je rêvées? Toute la question est là.

Comment prouverai-je que je ne suis point un rêveur? Passerai-je en revue une multitude de météores *ordinaires*, de pluies *communes* comme celles que donnent la plupart des mois de la plupart des années? On me dira que ces pluies *communes* se rapprochent de la *moyenne* ordinaire de Genève; qu'ainsi elles ne prouvent rien.

Pour échapper à toute objection, je ne prendrai que des météores graves, probants en raison de leur gravité, mais, par cela même, plus rares.

La quantité d'eau qui tombe à Genève peut être évaluée *moyennement* à 15 ou 16 millimètres par phase lunaire. Une période pluvieuse qui, dans le cours d'une phase lunaire, donne trois fois la moyenne, c'est-à-dire au delà de 46 à 48 millimètres, doit être mise au rang des météores réellement intenses. Il y a des années, telles que 1815 et 1822, où le cas ne s'est pas présenté une seule fois. Il y en a d'autres où le cas ne s'est présenté qu'une ou deux fois.

Ce sont ces météores *intenses*, concentrés dans une seule phase, qui vont me servir de preuve. Je réserverai pour la *Section* suivante les météores *dévastateurs*.

Je n'établirai pas de comparaison entre les quantités, je me bornerai à les donner telles quelles; un travail comparatif, dans lequel j'aurais à discuter les époques, les heures, les minutes, les écarts, les différences, etc., etc., me conduirait beaucoup trop loin.

J'indiquerai, à chaque époque, la phase qui a donné l'eau. Immédiatement au-dessous, je placerai les combinaisons horaires qui ont déterminé les précipitations.

(44)

SIGNES ET ABRÉVIATIONS.

l   lever du Soleil. | c   coucher.

m. éq.   mi-équidistance.

J'emploierai les signes — et + pour indiquer si la phase est arrivée avant ou après un phénomène cardinal.

Exemples. l — $1^h,23'$ voudra dire que la phase est venue $1^h,23'$ avant le lever (heure du lever — $1^h,23'$).

c + $2^h,15'$ voudra dire que la phase est arrivée $2^h,15'$ après le coucher (heure du coucher + $2^h,15'$).

De même pour les deux autres phénomènes cardinaux 0^m et 0^s (minuit et midi).

(45)

               Écart. Différ.

1798. Juillet. La N. L. donna 47^{mm} d'eau.

 A 21 juin...... P. Q. 1^m,35' } éq...... 15 }
  28 » ...... P. L. I+1^h,50'   } 8
 B 14 juin...... N. L. 7^m,9' } m. éq... 7 }
  13 juillet...... N. L. (a) 4^s,2'$_*$

1799. Septembre. N. L. 55^{mm} d'eau.

 A 23 août...... D. Q. 2^s,30' } éq...... 10 }
  14 septembre. P. L. 2^m,40'   } 3
 B 23 août...... D. Q. 2^s,30' } éq...... 13 }
  28 septembre. N. L. 1+2^h,17'$_*$

1800. Avril. N. L. 72^{mm} d'eau.

 A 8 avril...... P. L. 4^s,25' } m. éq... 7 }
  15 » ...... D. Q. 7^m,18'   } 4
 B 1 avril...... P. Q. 0^s,52' } éq...... 11 }
  23 » ...... N. L. 0^m,41'$_*$

1801. Novembre. D. Q. 59^{mm} d'eau.

 A 29 octobre.... D. Q. 4^s,3' } m. éq... 10 }
  28 novembre. D. Q. 0^s,53'   } 3⅓
 B 6 novembre. N. L. 9^m,53' } m. éq... 0 }
  28 novembre. D. Q. 0^s,53'$_*$

1802. Février. P. L. 46^{mm} d'eau.

 A 18 janvier.... P. L. 9^s,57' } m. éq... 14 }
  2 février.... N. L. 6^s,43'   } 7
 B 9 février.... P. Q. 2^s,10' } m. éq... 7 }
  17 » .... P. L. 5^s,17'$_*$

1803. Novembre. D. Q. 74^{mm} d'eau.

 A 15 octobre.... N. L. 5^s,31' } éq...... 21 }
  23 » .... P. Q. 5^s,10'   } 0
 B 30 octobre.... P. L. 9^m,27' } m. éq... 21 }
  6 novembre. D. Q. 6^m,48'$_*$

(a) Je marque de ce signe $_*$ la phase pluvieuse.

(46)

Écart. Différ.

1804. Juillet. Le D. Q. donna 52^{mm} d'eau.

A 30 juin ...... D. Q.   3^s, 43′ } m. éq... 10 }
   7 juillet..... N. L.   6^m, 53′ }   } 2 $\frac{2}{3}$
B 21 juillet..... P. L.   5^s, 34′ } m. éq... 2 }
  29 juillet..... D. Q.   8^s, 36′$_*$

Même année. Octobre. D. Q. 67^{mm} d'eau.

A 26 septembre. D. Q.   1+1^h, 38′ } éq...... 12 }
  19 octobre ... P. L.   1^m, 26′ }   } 0
B 26 septembre. D. Q.   7^m, 31′ } m. éq... 12 }
  25 octobre ... D. Q.   4^s, 19′$_*$

1805. Octobre. N. L. 69^{mm} d'eau.

A 23 septembre. N. L.   0^m, 58′ } éq...... 9 }
  15 octobre ... D. Q.   0^s— 49′·} } 2 $\frac{2}{3}$
B 30 septembre. P. Q.   c +1^h, 31′ } éq...... 1 }
  22 octobre ... N. L.   1^s, 30′$_*$

1807. Septembre. D. Q. 50^{mm} d'eau.

A 26 août ...... D. Q.   9^m, 13′ } éq...... 2 }
  16 septembre . P. L.   9^s, 15′ }   } 3
B 8 septembre. P. Q.   10^s, 55′ } éq...... 11 }
  24 »   . D. Q.   10^s, 44′$_*$

1808. Septembre. P. L. 98^{mm} d'eau.

A 23 juillet..... N. L.   0^s, 27′ } m. éq... 22 }
  28 août....... P. Q.   3^s, 49′ }   } 2
B 30 juillet..... P. Q.   10^m, 30′ } éq...... 20 }
  4 septembre. P. L.   10^s, 50′$_*$

1809. Avril. N. L. 59^{mm} d'eau.

A 15 mars ..... N. L.   4^m, 29′ } m. éq... 11 }
  7 avril...... D. Q.   7^m, 18′ }   } 4
B 31 mars ..... P. L.   5^s, 1′   } m. éq... 6 }
  14 avril...... N. L.   8^s, 7′$_*$

(47)

Écart. Différ.

Même année. Août. Le P. Q. donna 61^{mm} d'eau.

A 20 juillet..... P. Q. 7^m,32' } éq...... 10 } 3
  10 août...... N. L. 7^m,42'
B 26 juillet..... P. L. 0^m—1^m,37' } éq...... 1
  18 août...... P. Q. 1^s,38'$_*$

Même année. Juillet. P. L. 89^{mm} d'eau.

A 27 juin ...... P. L. 3^s,15' } m. éq... 7 } 2⅓
  12 juillet..... N. L. 6^s,22'
B 12 juillet..... N. L. c —1^h,37' } éq...... 0
  26 » ..... P. L. 0^m—1^m,37'$_*$

1810. Mai. P. L. et D. Q. 108^{mm} d'eau.

A 19 avril...... P. L. 3^s,18' } éq...... 23 } 3
  3 mai....... N. L. 2^s,55'
B 11 avril...... P. Q. 0^m—1^h,19' } éq...... 20
  19 mai....... P. L. 0^m,59'$_*$

1811. Août. P. Q. 60^{mm} d'eau.

A 28 juillet..... P. Q. 3^s,44' } éq...... 26 } 3
  4 août...... P. L. 3^s,18'
B 19 août...... N. L. 2^m,21' } m. éq... 29
  27 » ...... P. Q. 4^m,52'$_*$

Même année. Septembre. P. Q. 56^{mm} d'eau.

A 27 août....... P. Q. 4^m,52' } éq...... 5 } 1⅓
  9 septembre. D. Q. 4^s,47'
B 17 septembre. N. L. 7^s,6' } m. éq... 8
  24 » . P. Q. 3^s,58'$_*$

1812. Novembre. P. Q. 69^{mm} d'eau.

A 20 octobre ... P. L. 9^m,0' } m. éq... 2 } 0⅓
  27 » ... D. Q. 3^m,2'
B 4 novembre. N. L. 6^m,23' } m. éq... 1
  12 » ... P. Q. 3^m,24'$_*$

(48)

Ecart. Différ.

1814. Juillet. La P. L. donna 65^{mm} d'eau.

$$\left.\begin{array}{l} \left.\begin{array}{llll} A\ 11\ \text{juin}\ldots\ldots & D.\ Q. & 4^m,37' \\ 24\ \text{»}\ \ldots\ldots & P.\ Q. & 4^s,43' \end{array}\right\}\text{éq}\ldots\ 6 \\ \left.\begin{array}{llll} B\ 11\ \text{juin}\ldots\ldots & D.\ Q. & 4^m,37' \\ 2\ \text{juillet}\ldots & P.\ L. & 4^s,43'_* \end{array}\right\}\text{éq}\ldots\ 6 \end{array}\right\}\ 0$$

1817. Août. P. L. 72^{mm} d'eau.

$$\left.\begin{array}{l} \left.\begin{array}{llll} A\ 21\ \text{juillet}\ldots & P.\ Q. & 0^s,5' \\ 5\ \text{août}\ldots\ldots & D.\ Q. & 2^m,56' \end{array}\right\}\text{m. éq}\ldots\ 9 \\ \left.\begin{array}{llll} B\ 19\ \text{août}\ldots\ldots & P.\ Q. & 4^s,59' \\ 26\ \text{»}\ \ldots\ldots & P.\ L. & 7^s,45'_* \end{array}\right\}\text{m. éq}\ldots\ 14 \end{array}\right\}\ 5$$

Même année. Novembre. N. L. 63^{mm} d'eau.

$$\left.\begin{array}{l} \left.\begin{array}{llll} A\ 10\ \text{octobre}\ldots & N.\ L. & 4^s,24' \\ 17\ \text{»}\ \ \ldots & P.\ Q. & 7^m,54' \end{array}\right\}\text{m. éq}\ldots\ 30 \\ \left.\begin{array}{llll} B\ 3\ \text{octobre}\ \ldots & D.\ Q. & 2^s,51' \\ 9\ \text{novembre} & N.\ L. & 2^m,17'_* \end{array}\right\}\text{éq}\ldots\ 34 \end{array}\right\}\ 4$$

1819. Juillet. D. Q. 50^{mm} d'eau.

$$\left.\begin{array}{l} \left.\begin{array}{llll} A\ 22\ \text{juin}\ldots\ldots & N.\ L. & 3^s,11' \\ 30\ \text{»}\ \ldots\ldots & P.\ Q. & 6^s,36' \end{array}\right\}\text{m. éq}\ldots\ 25 \\ \left.\begin{array}{llll} B\ 22\ \text{juin}\ldots\ldots & N.\ L. & 3^s,11' \\ 14\ \text{juillet}\ldots & D.\ Q. & 1+2^h,50'_* \end{array}\right\}\text{éq}\ldots\ 21 \end{array}\right\}\ 4$$

Même année. Octobre. P. Q. et P. L. 110^{mm} d'eau.

$$\left.\begin{array}{l} \left.\begin{array}{llll} A\ 3\ \text{octobre}\ldots & P.\ L. & 3^s,32' \\ 11\ \text{»}\ \ \ldots & D.\ Q. & 3^m,6' \end{array}\right\}\text{éq}\ldots\ 26 \\ \left.\begin{array}{llll} B\ 11\ \text{octobre}\ldots & D.\ Q. & 3^m,6' \\ 26\ \text{»}\ \ \ldots & P.\ Q. & 6^m,32'_* \end{array}\right\}\text{m. éq}\ldots\ 26 \end{array}\right\}\ 0$$

1820. Juillet. P. Q. 83^{mm} d'eau.

$$\left.\begin{array}{l} \left.\begin{array}{llll} A\ 18\ \text{juin}\ldots\ldots & P.\ Q. & 7^s,10' \\ 26\ \text{»}\ \ldots\ldots & P.\ L. & 7^m,13' \end{array}\right\}\text{éq}\ldots\ 3 \\ \left.\begin{array}{llll} B\ 10\ \text{juin}\ldots\ldots & N.\ L. & 7^s,49' \\ 10\ \text{juillet}\ldots & N.\ L. & 7^m,46' \end{array}\right\}\text{éq. }(a)..\ 3 \end{array}\right\}\ 0$$

(*a*) La Nouvelle Lune, impluvieuse en raison de l'heure, rejeta le météore sur le Premier Quartier. Même phénomène en juillet 1813.

                Ecart. Differ.

1821. Août. Le P. Q. donna 70^{mm} d'eau.

A 22 juillet.....	D. Q.	$2^m, 4'$	} éq...... 17	} 2
29 »	N. L.	$2^m, 21'$		
B 22 juillet.....	D. Q.	$2^m, 4'$	} éq...... 15	
6 août......	P. Q.	$2^m, 19'_*$		

1824. Novembre. N. L. 63^{mm} d'eau.

A 6 novembre .	P. L.	$c + 3^s, 21'$	} m. éq... 7	} 2
14 » .	D. Q.	$0^m, 28'$		
B 22 octobre ...	N. L.	$8^m, 13'$	} éq...... 3	
20 novembre .	N. L.	$8^s, 10'_*$		

1825. Octobre. P. Q. 88^{mm} d'eau.

A 19 septembre.	P. Q.	$6^m, 38'$	} éq...... 7	} $0\frac{1}{2}$
5 octobre...	D. Q.	$6^m, 31'$		
B 27 septembre.	P. L.	$4^m, 23'$	} m. éq... 6	
18 octobre...	P. Q.	$7^s, 17'_*$		

Même année. Novembre. N. L. 99^{mm} d'eau.

A 26 octobre...	P. L.	$0^m - 1^h, 49'$	} éq...... 7	} 1
3 novembre.	D. Q.	$c + 1^h, 56'$		
B 3 novembre.	D. Q.	$6^s, 31'$	} m. éq... 8	
10 »	N. L.	$9^m, 23'_*$		

1826. Octobre. N. L. 56^{mm} d'eau.

A 16 septembre.	P. L.	$6^m, 6'$	} m. éq... 36	} 3
24 »	D. Q.	$9^m, 42'$		
B 16 septembre.	P. L.	$6^m, 6'$	} m. éq... 33	
1 octobre...	N. L.	$3^s, 39'_*$		

1827. Octobre. P. L. 100^{mm} d'eau.

A 21 septembre.	N. L.	$3^m, 40'$	} éq...... 16	} 0
28 »	P. Q.	$3^m, 24'$		
B 5 septembre.	P. L.	$2^s, 45'$	} éq...... 16	
5 octobre...	P. L.	$2^m, 29'_*$		

4

1828. Juillet. Le P. Q. donna 68^{mm} d'eau.

					Ecart.	Différ.
A 20 juin......	P. Q.	3^s, 2'	} m. éq...	8	}	
5 juillet....	D. Q.	6^m, 10'				1½
B 20 juin......	P. Q.	3^s, 2'	} m. éq...	5	}	
20 juillet....	P. Q.	1−0^h, 7'$_*$				

Même année. Août. P. Q. 63^{mm} d'eau.

A 12 juillet....	N. L.	1^m, 39'	} m. éq...	13	}	
10 août.....	N. L.	4^s, 52'				4
B 26 juillet....	P. L.	c+2^h, 54'	} éq......	1	}	
18 août.....	P. Q.	2^s, 55'$_*$				

Même année. Septembre. N. L. 65^{mm} d'eau.

A 18 août.....	P. Q.	2^s, 55'	} m. éq...	18	}	
25 »	P. L.	5^m, 37'				1
B 18 août.....	P. Q.	2^s, 55'	} éq......	19	}	
9 septembre.	N. L.	1+3^h, 14'$_*$				

Je ne pousserai pas plus loin les citations. Le même travail, continué jusqu'au 31 mai 1856, donne toujours les mêmes résultats. **Les années passent; les lois de la nature restent immuables.**

Les plus grandes différences équidistantielles que présentent les exemples cités sont de 0^h, 8'. En étendant successivement les différences, on arrive à des météores de plus en plus nombreux, mais, en même temps, de moins en moins intenses, et finalement au beau temps.

Parmi les météores d'une intensité exceptionnelle qui figurent dans les tableaux ci-dessus, quatre appartiennent à des oppositions (P. L.), arrivées entre 10^s et 2^m, 29'.

				Eau.
1809.	Juillet.....	P. L.	10^s, 23'......	89^{mm}
1808.	Septembre.	P. L.	10^s, 50'......	98
1810.	Mai.......	P. L.	0^m, 59'......	108
1827.	Octobre...	P. L.	2^m, 29'......	100

Une discussion comparative approfondie rend d'ailleurs compte de la quantité d'eau fournie par chaque météore.

SECTION IV.

HEURES AGGRAVANTES. — MÉTÉORES DÉSASTREUX.

L'état du temps dépend essentiellement des heures auxquelles s'opèrent les phases lunaires. Cette loi domine les équi et mi-équidistances, de même qu'elle domine chaque phase prise isolément. Les phases *inéquidistantes* ont leur valeur, tantôt concordante avec celle des équi et des mi-équidistantes, tantôt opposée. Concordante, elle aggrave; opposée, elle renverse les phénomènes. Pour prévoir le temps, pour calculer l'intensité d'un météore, on doit tenir compte de tous ces éléments.

Les phases qui, toutes choses égales d'ailleurs, préparent ou font aboutir les météores les plus graves, sont notamment celles qui arrivent entre 8^m et $9^m,40'$ environ, surtout lorsqu'elles sont précédées ou suivies d'une phase arrivant vers 0^s ou 0^m.

Je prends quatre des périodes pluvieuses qui ont donné le plus d'eau à Genève, depuis 1796.

1° Juillet 1816...................... 194^{mm} d'eau.
2° Septembre 1829.................. 223
3° Du 25 octobre au 25 novembre 1840 . 285
4° Mai 1856........................ 298

Or, voici les coïncidences horaires que je trouve à ces époques :

1816.	1829.	1840.	1856.
2 juill. P. Q. $9^m,37'$	29 août N. L. $9^m, 5'$	18 oct. D. Q. $0^m, 7'$	20 avril P. L. $9^m,23'$
9 » P. L. $0^s,31'$	6 sept. P. Q. $0^s,10'$	25 « N. L. $9^m, 7'$	27 » D.Q. $11^s,35'$

Ces rapprochements se résument ainsi :

| $9^m,37'$ | $9^m, 5'$ | $0^m, 7'$ | $9^m,23'$ |
| $0^s,31'$ | $0^s,10'$ | $9^m, 7'$ | $11^s, 35' = 0^m — 25'$ |

Ces chiffres parlent aux yeux; pourraient-ils ne pas parler aux esprits? Je prends quatre météores exceptionnellement intenses, bien qu'à des degrés différents, et ces quatre météores sont également frappés de cette empreinte : $\frac{9}{0}$ ou $\frac{0}{9}$.

Dans les deux premiers cas, qui ont donné le moins d'eau, la phase arrivée vers 9^m est combinée avec une phase voisine de 0^s.

Dans les deux derniers cas, qui ont donné le plus d'eau, la phase arrivée vers 9^m est combinée avec une phase voisine de 0^m.

Ici, comme partout ailleurs, la similitude approximative des heures aboutit à une similitude non moins approximative dans les résultats.

Soumettons à l'analyse équidistantielle les quatre cas pris pour exemples.

     1816.   **1829.**

A 25 juin. N. L. $2^h, 17'$ } écart.   6'   A 7 août. P. Q. $0^m — 1^h, 37'$ } écart.   7'
  2 juill. P. Q. $0^s — 2^h, 23'$ }   21 »   D. Q. $1^s, 44'$ }

B 2 juill. P. Q. $9^m, 37'$ } m. éq.   6'   B 29 août. N. L. $9^m, 5'$ } m. éq.   5'
  9 » . P. L. $0^s, 31'_*$ }   6 sept. P. Q. $0^s, 10'_*$ }

  (Différence 0.)   (Différence météorologique $\frac{2}{3}$.)

         1840.

  A 18 septembre.   D. Q. $5^s, 40'$ } écart... : .   7'
    3 octobre ...   P. Q. $5^s, 47'$ }

  B 18 octobre ...   D. Q. $0^m, 7'$ } m. éq. ...   0'
    25 »   ...   N. L. $9^m, 7'_*$ }

     (Différence méréorologique $2\frac{1}{3}$.)

Abordons enfin ce fatal mois de mai 1856. Ici nous nous trouvons en présence de deux météores : le premier, le moins grave, donna les pluies du 1er au 20 ; le second, les pluies torrentielles de la fin du mois.

PREMIER MÉTÉORE.				SECOND MÉTÉORE.			
A 29 mars. D. Q.	$2^s,41'$	écart..	11'	A 27 avril. D. Q.	$11^s,35'$	m. éq.	17'
4 mai.. N. L.	$2^s,52'$			4 mai.. N. L.	$2^s,52'$		
B 5 avril. N. L.	$6^m, 2'$	m. éq..	10'	B 20 avril. P. L.	$9^m,23'$	m. éq.	17'
4 mai.. N. L.	$2^s,52'$			20 mai.. P. L.	$0^m, 6'$		
(Différence 1.)				(Différence 0.)			

Dans les exemples que je viens d'analyser, les deux phases aggravantes 9^h et 0 ou 0 et 9^h sont consécutives; elles ne sont pas séparées par d'autres phases. Cette condition n'est nullement nécessaire pour que deux phases influent l'une sur l'autre. Dans la précédente Section, on a pu remarquer que des phases, séparées par tout un mois lunaire, se combinaient ensemble. Le mois de mai 1856 vient encore de nous en offrir un exemple.

Faisons, en passant, un nouveau rapprochement.

Nous savons que des soixante mois de mai observés à Genève, celui de 1856 a fourni la plus grande quantité d'eau.

Le mois de juin qui a donné le plus d'eau est celui de 1848 (159 millimètres).

Or ces deux mois nous offrent les combinaisons horaires ci-après :

1848.			1856.		
26 avril......	D. Q.	$2^s,29'$	29 mars......	D. Q.	$2^s,41'$
1 juin	N. L.	$2^s,49'$	4 mai........	N. L.	$2^s,58'$

Analogie horaire, analogie de résultats; nous arrivons toujours à la même conclusion.

L'analyse équidistantielle explique d'ailleurs les pluies de juin 1848, comme elle explique celles de mai 1856.

Les phases équidistantes se combinent donc à de longs intervalles; les phases aggravantes, en raison de l'heure, qu'elles soient ou non équidistantes, font sentir leur influence à des intervalles non moins longs. Dans la limite de six semaines environ, il n'y a pas à se préoccuper de leur proximité ou de leur éloignement. Cherchons dans cette limite de nouvelles preuves

4.

de l'action aggravante des phases qui arrivent entre 8^m et $9^m,40'$ environ.

Le mois d'avril qui a donné le plus d'eau (1799 excepté) est celui de 1848 .... 152^{mm}

Le mois de mai qui a donné le plus d'eau (1856 excepté) est celui de 1827 246

Le mois d'août qui a donné le plus d'eau est celui de 1852.. 209

Le mois d'octobre qui a donné le plus d'eau est celui de 1855. 273

Ces quatre époques nous fournissent les rapprochements horaires ci-après :

1827.	1855.	1848.	1852.
11 mai P. L. $8^m,34'$	3 sept. D. Q. $8^m,33'$	27 fév. D. Q. $8^m,31'$	9 juill. D. Q. $8^m,16'$
17 » D. Q. $11^s, 9'$	2 oct. D. Q. $11^s,14'$	27 mars D. Q. $1^m,38'$	8 août D. Q. $1^m,36'$

Ces rapprochements se résument ainsi :

$8^m,34'$	$8^m,33'$	$8^m,31'$	$8^m,16'$
$11^s, 9'$	$11^s,14'$	$1^m,38'$	$1^m,36'$

Le tableau suivant achèvera de prouver, s'il en est besoin, l'influence aggravante des phases, arrivant aux heures précédemment indiquées. L'analyse rend compte des quantités d'eau tombées à chacune des époques ci-contre, car il est bien entendu que les heures *aggravantes* ne font pas la pluie, qu'elles ne font que rendre plus intenses les météores préparés par les phénomènes équi ou mi-équidistants.

(55)

ANS ET MOIS.	EAU.	PHASES.		HEURES.
1800. Janvier....	128	11 décembre..	P. L.	$9^m, 4'$
Avril......	105	24 mars.....	N. L.	$8^m, 24'$
Juin......	120	6 juin......	P. L.	$8^m, 11'$
Septembre.	113	2 septembre.	P. L.	$8^m, 49'$
1801. Mai......	114	6 mai......	D. Q.	$8^m, 31'$
Décembre..	201	6 novembre.	N. L.	$9^m, 53'$
1802. Novembre.	119	11 octobre....	P. L.	$8^m, 7'$
Décembre..	120	2 décembre..	P. Q.	$9^m, 13'$
1803. Novembre.	155	30 octobre....	P. L.	$9^m, 27'$
1804. Juillet.....	216	1 juin.......	D. Q.	$9^m, 4'$
1807. Novembre.	117	15 novembre.	P. L.	$8^m, 24'$
1808. Septembre.	187	14 août......	D. Q.	$8^m, 50'$
1810. Juillet.....	119	17 juin......	P. L.	$8^m, 31'$
Novembre.	126	20 octobre...	D. Q.	$9^m, 27'$
1812. Octobre...	156	20 octobre...	P. L.	$9^m, 0'$
1814. Novembre.	124	21 octobre...	P. Q.	$8^m, 53'$
1816. Novembre.	115	6 octobre...	P. L.	$9^m, 29'$
1817. Août......	129	28 juillet.....	P. L.	$8^m, 31'$
1819. Juin......	124	8 juin......	P. L.	$8^m, 39'$
1824. Novembre.	113	22 octobre...	N. L.	$8^m, 13'$
1825. Novembre.	154	10 novembre.	N. L.	$9^m, 23'$
1828. Juillet.....	171	29 mai......	P. L.	$8^m, 26'$
1830. Septembre.	151	11 août......	D. Q.	$8^m, 17'$
Novembre.	153	1 octobre...	P. L.	$8^m, 6'$
1833. Décembre..	122	4 décembre..	D. Q.	$8^m, 29'$
1838. Août......	110	28 juillet.....	P. Q.	$9^m, 4'$
Novembre.	118	26 octobre...	P. Q.	$9^m, 8'$
1843. Juin......	131	7 mai......	P. Q.	$8^m, 34'$
1844. Octobre...	131	19 septembre.	P. Q.	$8^m, 1'$

Les phases qui arrivent entre 8^s et $9^s,40'$ environ exercent une influence aggravante analogue.

J'ai lieu de croire qu'en cherchant bien on trouvera encore d'autres heures aggravantes.

Il sera bon d'étudier si les heures auxquelles arrivent les apsides n'exercent pas aussi une action.

Je m'arrête, car je sens que le peu de vue qui me reste baisse de jour en jour, presque d'heure en heure, à mesure que j'écris. A quoi bon d'ailleurs de plus longs développements? Ceux qui ne croiraient pas, après avoir lu attentivement tout ce qui précède, seraient encore plus aveugles que je ne suis menacé de le devenir.

J'ai terminé par une réflexion philosophique ma lettre à M. le Ministre de l'Instruction publique : je termine cet opuscule par quelques réflexions analogues.

A quoi sert notre satellite?

A faire les marées avec l'aide du Soleil. Est-ce tout? Je le croyais en 1855; je ne puis le croire après six ans de réflexion. En dehors même des résultats de mes recherches, la raison me dit que la Lune doit avoir une destination plus étendue.

Quoi! cet astre si rapproché de nous, qu'un chemin de fer nous y mènerait dans l'espace de temps que met un vaisseau à voiles à faire le voyage du Japon; cet astre, qui nous touche presque, serait sans influence sur l'atmosphère, sur les continents, sur le règne végétal et sur le règne animal. Non, je ne puis l'admettre.

Pourquoi les mouvements de la Lune, mouvements en tous sens, longitudinal, équatorial, vertical? Pourquoi les phases?

Un géomètre me répondra que, dans ses déplacements incessants, si divers, si multiples, la Lune obéit à la loi de l'attraction. Soit; mais je demande le but et non la cause.

De même qu'il n'y a pas d'effet sans cause, de même il ne peut y avoir d'effet sans but. Je tiens ces deux propositions pour également vraies. L'effet est proportionnel à la cause, le but doit être proportionnel à l'effet.

Le but, je l'ai indiqué, au moins en partie.

La Lune exerce une influence prépondérante, non-seulement sur les marées, ce qui est admis, mais encore sur les vents, sur les variations anormales de température, sur les météores électriques et aqueux, en un mot, sur tous les phénomènes atmosphériques sans exception. La Lune est en quelque sorte à notre atmosphère ce que le paganisme avait fait de Neptune par rapport aux mers. Je laisse à juger de son action sur les végétaux, sur les animaux et sur l'homme lui-même.

On s'est souvent demandé si la Lune avait une atmosphère et si elle était habitée. On peut, *à priori*, répondre négativement à toutes les questions de ce genre.

Nous voyons les effets que l'attraction lunaire produit sur l'Océan : les vents, les orages, les tempêtes n'ont pas d'autre origine. Et que sont les tempêtes de nos régions à côté de celles des régions intertropicales? Si la Lune avait une atmosphère, l'attraction de la Terre, comparativement si grande, si puissante, imprimerait à cette atmosphère une telle agitation, y déterminerait des courants si rapides, eu égard aux nombreux mouvements de l'astre, que ses montagnes même n'y résisteraient pas. Moins d'un an après la création, sa surface raboteuse eût été nivelée, aplanie, rendue semblable aux déserts d'Afrique. Ce globe serait plongé dans une perpétuelle tempête.

La Lune n'est point un monde, elle ne s'appartient pas; privée de toute vie, elle s'ignore. La Lune est à nous, elle a été faite pour nous, sans réciprocité aucune; elle est une dépendance nécessaire de notre domaine, absolument comme ces montagnes inaccessibles, couvertes de neiges éternelles, dont l'utilité ne nous apparaît pas au premier abord, et qui, en réalité, répandent la vie dans nos plaines et nos vallées, en y versant les fleuves et les rivières.

Ce que je dis de notre satellite est certainement applicable à ceux des autres astres. Ce ne sont pas des satellites de parade, simplement destinés à faire cortége aux planètes, dans leur marche à travers les espaces : ce sont les agents de la météorologie de tous ces mondes, auxquels ils sont enchaînés par le lien de l'attraction. La loi de notre globe est la loi de tous les globes : unité de création, unité de moyens; partout mêmes causes, mêmes effets, même but.

FIN.

LIBRAIRIE DE MALLET-BACHELIER,
QUAI DES AUGUSTINS, 55.

BILLET (F.) Professeur de Physique à la Faculté des Sciences de Dijon. — **Traité d'Optique physique.** 2 forts volumes in-8 avec 14 planches composées de 337 figures.................................... 15 fr.

BIOT (J.-B.), Membre de l'Institut (Académie des Sciences). — **Traité élémentaire d'Astronomie physique.** 5 forts vol. in-8 avec 94 planches; 3ᵉ édition corrigée et augmentée...................... 65 fr.

BOUSSINGAULT, Membre de l'Institut. — **Agronomie, Chimie agricole et Physiologie.**
    Tome Iᵉʳ, 2ᵉ édition; in-8 avec planches; 1860............. 5 fr.
    Tome II, 2ᵉ édition; in-8 avec planches; 1861............. 5 fr.

CAILLET (V.), examinateur de la Marine. — **Tables de réfractions astronomiques**; précédées d'un Rapport fait au Bureau des Longitudes, par M. *Largeteau*, membre de l'Institut. In-8................... 2 fr.

CHACORNAC, Astronome à l'Observatoire de Paris. — **Atlas des Annales de l'Observatoire impérial de Paris.** 1ʳᵉ, 2ᵉ, 3ᵉ, 4ᵉ, 5ᵉ livraisons, comprenant 30 Cartes écliptiques............................. 60 fr.
    Chaque livraison composée de 6 Cartes se vend séparément.. 12 fr.

CONNAISSANCE DES TEMPS ou DES MOUVEMENTS CÉLESTES A L'USAGE DES ASTRONOMES ET DES NAVIGATEURS.
    Prix de chaque année sans Additions........... 5 fr. «
    1860, avec Additions par MM. Laugier et Liouville..... 7 fr. 50 c.
    1861, avec Additions par M. Delaunay............... 7 fr. 50 c.
    1862, avec Additions par M. Delaunay............... 7 fr. 50 c.
    1863, avec Additions par M. Delaunay............... 7 fr. 50 c.

On peut se procurer la Collection complète, ou des années séparées de cet ouvrage, depuis 1760 jusqu'à ce jour.

CONSOLIN, (B.), maître voilier entretenu de la Marine impériale et professeur du Cours de Voilerie à Brest. — **Manuel du Voilier**, revu et publié par ordre de *S. Exc. M. l'Amiral Hamelin*, Ministre de la Marine, ouvrage approuvé pour l'instruction des élèves de l'École Navale et pour celle des Voiliers des arsenaux. Grand in-8 sur jésus de 528 pages et 11 planches; 1859.. 12 fr.

COULVIER-GRAVIER. — **Recherches sur les météores et sur les lois qui les régissent.** In-8, avec figures et planches; 1859........ 10 fr.

COULVIER-GRAVIER et SAIGEY. — **Recherches sur les étoiles filantes.** Introduction historique. Grand in-8; 1847................... 5 fr.

LE VERRIER (U.-J.). — **Annales de l'Observatoire impérial de Paris.** Grand in-4, tomes I, II, III, IV, V et VI..................... 162 fr.
    Chaque volume se vend séparément..................... 27 fr.

PONTÉCOULANT (G. de), ancien Élève de l'École Polytechnique, Colonel au corps d'État-major. — **Théorie analytique du système du Monde.** 2ᵉ édit. considérablement augmentée, tomes I et II, in-8; 1856. 18 fr.

    Cette nouvelle édition des tomes I et II dans laquelle se trouvent les Suppléments des livres II et V forme un Traité complet d'Astronomie théorique, et peut être considérée comme une Introduction à la *Mécanique céleste de Laplace*, et un Complément à la *Mécanique de Poisson*.

    On vend séparément :
    Les tomes III et IV (1ʳᵉ édition)...................... 33 fr.
    Le tome IV. (1ʳᵉ édition)............................. 18 fr.
    Suppléments aux livres II et V (1ʳᵉ édition)........... 2 fr. 50 c.
    Supplément au livre VII.............................. 2 fr. 50 c.
    L'ouvrage complet, 4 volumes......................... 50 fr.

www.ingramcontent.com/pod-product-compliance
Lightning Source LLC
LaVergne TN
LVHW020040090426
835510LV00039B/1313